Bernd Görner • Wie man Menschen für sich gewinnt

Bernd Görner

Wie man Menschen für sich gewinnt

Die Kunst, erfolgreich Kontakte zu knüpfen

Kösel

Für Christine, die gerne Hebamme geworden wäre
und jetzt Büchern hilft, auf die Welt zu kommen

FSC
Mixed Sources
Product group from well-managed forests and other controlled sources
Cert no. SA-COC-001819
www.fsc.org
© 1996 Forest Stewardship Council

Verlagsgruppe Random House FSC-DEU-0100
Das für dieses Buch verwendete FSC-zertifizierte Papier *EOS*
liefert Salzer, St. Pölten.

Umschlag: Kaselow Design, München
Umschlagmotiv und Illustrationen: Martin Guhl, Stein am Rhein /
Baaske Cartoons, Müllheim
Druck und Bindung: CPI Moravia Books s.r.o., Pohorelice
Printed in Czech Republic
ISBN 978-3-466-30778-4

www.koesel.de

Inhalt

Einleitung

In unserer heutigen schnellen Welt ist Charisma gefragt und das Talent zur schnellen Kontaktaufnahme. Sowohl im privaten wie auch beruflichen Bereich. Die Zeit wird immer begrenzter, wenn es darum geht, einen anderen Menschen für sich selbst oder eine Sache zu gewinnen. Man spricht von den ersten 20 Sekunden, die wirken und die darüber mit entscheiden, ob eine Verbindung – geschäftlich oder privat – geknüpft wird oder nicht. Dies ist ein großer Druck, der einer Unsicherheit gegenübersteht, die viele Menschen verspüren. Da ist die Sehnsucht, angenommen, gemocht, anerkannt oder geliebt zu werden, und andererseits die Frage: »Wie macht man das?«

Wo sich viele abquälen und mit Worten und Gesten ringen, scheinen andere das Göttergeschenk »Sympathiefaktor 1 Plus« geradezu in die Wiege gelegt bekommen zu haben. Sie betreten einen Raum, wirken, strahlen, und mit welcher Idee sie auch immer kommen, man hört ihnen zu. Es scheint bei diesen Menschen scheinbar nichts zu geben, das andere voreingenommen macht – kein Wunder: Diese Menschen wirken echt und seriös. In der Literatur wird dies häufig mit »Authentizität« beschrieben.

Für eine geglückte Kontaktaufnahme ist diese wunderbare Eigenschaft aber nicht ausreichend. Erst wenn wir den anderen annehmen, glaubwürdig auftreten und unserem Gegenüber mit Respekt und Würdigung begegnen, verändert sich der »echte« Kontakt in einen, der vernetzt und in die Zukunft reicht. Es ist Charme, der hier die Türen öffnet, Echtheit und Seriosität, welche die erste Verbindung halten. Besonders bei Projekten und individuellen Anliegen, im Verkauf, in der Mitarbeiterführung, in der Liebeswerbung und bei ganz alltäglichen zwischenmenschlichen Kontakten ist es von Vorteil, wenn ein Mensch das Quäntchen persönlichen Charme hat, das andere Menschen zugetan macht, Herzen öffnet und damit eine für sich gewinnende Situation schafft, die über 20 Sekunden hinaus wirkt. Das ist der rote Teppich, auf dem das jeweilige Anliegen zur Realisierung schreitet.

Ich möchte mir mit Ihnen zusammen im Folgenden anschauen, was man tun kann, um diesen roten Teppich zu weben. Ich möchte Sie anregen, aufmerksam machen und gewinnen, sich mit sich selber zu beschäftigen. Techniken, Kniffe und Tricks in der zwischenmenschlichen Kommunikation und im zwischenmenschlichen Kontakt werden eine Rolle spielen, aber letztlich wird jeder aus seinem bereits vorhandenen Repertoire schöpfen.

Wie bekommt man mit einem Lächeln das größere Stück Kuchen oder die schönste Bratwurst? Wie bewirkt man allein durch Ausstrahlung und Freundlichkeit, dass Gelder für Projekte fließen? Wie wichtig sind neben der fachlichen Kompetenz die emotionalen Fähigkeiten?

Von alldem wird im Folgenden die Rede sein.

Bin ich ein Kontaktgenie?

Oder wie kommt es, dass ausgerechnet *ich* ein Buch darüber schreibe, wie man Menschen für sich gewinnt? Bin ich in die Lehre eines Don Juans gegangen, dem nicht nur die Frauen zu Füßen lagen? Suche ich den schnellen Erfolg durch Witze oder große Reden? Will ich beeindrucken oder Eindruck schinden?

Nein, das alles will ich nicht. Vielmehr ist es so, dass ich – der ich zu Schulzeiten ein eher schüchterner Junge war – im Laufe meines Lebens lernte, mit dieser Schwäche so umzugehen, dass sie sich in Kraft und Verständnis wandelte, und mir heute der Umgang mit Menschen eine große Freude ist. Meine frühere Schwäche ist zu einer Stärke geworden. Ich sitze nicht mehr, wie als kleiner Junge, schüchtern und mit roten Ohren am Tisch, sondern ich gehe auf Menschen zu. Aus meiner früheren Furcht vor Wortlosigkeit sind Worte geworden. Ich unterhalte mich gerne, halte Vorträge, begleite Menschen als Coach und biete Seminare an. Buchstaben und Worte sind der Mittelpunkt meines Lebens. Ich liebe es, Menschen zu erreichen, und dieser Zauber gelingt, wenn sich das Wort mit Gefühl und Reflexion verbindet. Wann passt ein Gespräch und wann nicht? Welche Worte sind für eine Verbindung hilfreich und wann bewirken sie Distanz, obwohl Nähe gewünscht war?

Dieser Erkenntnisprozess war ein sehr guter Weg. So gut, dass ich ihn in einzelne Bausteine entschlüsseln konnte, die ich Ihnen in diesem Buch vorstelle. Denn ich weiß, es gibt viele Menschen, die sich manchmal unbeholfen fühlen, wollen sie auf einen anderen Menschen zugehen und ihn für sich gewinnen.

Vielleicht fragen Sie sich:

- Genüge ich?
- Werde ich nicht langweilen?
- Bin ich attraktiv?
- Ist mein Angebot attraktiv?
- Bin ich richtig angezogen?
- Stimmt meine Frisur?
- Werden meine Makel auffallen?
- Bekomme ich den Mund auf?
- Was ist, wenn sich der oder die andere einfach abwendet?

Wenn Ihnen eine oder sogar mehrere dieser Fragen bekannt sind, dann ergeht es Ihnen so, wie es mir als Junge, Heranwachsender und junger Erwachsener erging. Und da wir unsere Kindheit immer ein Stück mit uns tragen, egal wie alt Sie und ich heute sind, mag es nicht verwundern, dass sich pubertäre rote Ohren und hilfloses Stottern gerade in den Gesprächen zeigen, in denen wir brillieren wollen.

Eine Klientin erzählte mir, dass sie auf dem Wochenmarkt ihrer Stadt einmal den Mann ihrer Träume traf. Es handelte sich um ihren sehr attraktiven Rechtsanwalt, dem sich meine Klientin von Stand, Ausbildung und Aussehen von vornherein unterlegen fühlte. Jedes Mal, wenn sie bei ihm in der Kanzlei war, verwandelte sie sich in ein kleines Etwas und war weit davon entfernt, die attraktive oder gar eloquente Frau zu sein, die sie war. »Guten Tag«, sagte der Anwalt und erkundigte sich: »Kaufen Sie auch für das Wochenende ein?« Meine Klientin spürte Röte in sich aufsteigen (die vermutlich gar nicht da war) und beobachtete sich selbst wie von außen, als sie beim nächstmöglichen Stand in die Auslage griff und nach Orangen griff. »Ja, zwei Orangen«, hörte sie sich sagen. Der Anwalt lächelte freundlich und sie hätte am liebsten die beiden blöden Orangen über den ganzen Markt gekickt. So ein Mist aber auch. Jetzt traf sie den Anwalt endlich einmal auf privatem Boden und alle Worte, die ihr einfielen, waren: »Ja, ähhhh, zwei Orangen.« Und das auch noch mit einem dermaßen verdutzten Gesicht!

Eine Situation wie aus einer Liebeskomödie. Man sitzt im Kino und lacht laut los. Weil man sich wiedererkannt hat. Wir wissen aus Erfahrung, dass auch »Zwei-Orangen«-Sätze eine Liebe nicht wirklich blockieren, die ins Leben gehört. Doch in diesem Moment fühlt es sich genau so an.

Sie wollen noch wissen, was aus den beiden geworden ist? Keine Liebe, aber dicke Freunde. Die Gelegenheit ergab sich nämlich wieder und meine Klientin konnte schnell erkennen, was sie alles auf den Anwalt projiziert hatte. Für eine Liebe reichte die Wirklichkeit nicht. Für eine intensive Freundschaft aber auf jeden Fall und mit ganzem Herzen.

Menschen, die sich in der Kommunikation nicht sicher fühlen, oder Situationen, in denen sie andere für sich begeistern wollen, als verkrampft zu erleben, finden sie an jeder Ecke. Die meisten von uns waren oder sind davon zu irgendeiner Zeit im Leben betroffen. Sie begegnen mir im persönlichen Kontakt, wenn ich coache oder in meinen Seminaren. Und wenn dabei so lustige Geschichten herauskommen wie die der zwei Orangen, dann ist die Gesprächshemmung doch auch für etwas gut! Nehmen wir es also locker, denn Lockerheit ist das A und O eines wirklich guten Gespräches oder einer Kontaktaufnahme.

Wo ich herkomme

Ich arbeite als Trainer und Coach, früher war ich am Theater. Immer hatte ich es mit Menschen zu tun und jedes Mal musste ich Menschen gewinnen. Die Schauspieler bei den Proben für die Inhalte, die Zuschauer mit der Aufführung für das Theaterstück. Ich musste Vorbehalte ausräumen und erkennen, wann Langeweile einsetzt, damit ich diese irgendwie wieder durch Spannung vertreiben konnte. Dazu muss man Menschen wahrnehmen und sie auch mögen. Der Blick für Situationen und Möglichkeiten wird dadurch wach. Selbst der Umgang mit Handicaps bekommt eine neue Wertigkeit. Manche Schauspieler sind gerade deswegen so beliebt, weil sie eine Macke haben! Und dann gibt es noch eine Bühnenweisheit, die sich mir besonders eingeprägt hat: *Was man nicht verbergen kann, das muss man zeigen!* Das gilt für den Theaterraum selbst wie für die Schauspieler. Hat der Boden einen riesigen Fleck? Na, dann bauen Sie diesen in das Stück ein! Lispelt ein Schauspieler oder hat er einen Silberblick? Oh, wie entzückend wirkt das in einer Szene, wenn man es mutig ausspielt und nicht versucht zu verbergen. Das Publikum, das Sie gewinnen möchten, wird gerade diesen Schauspieler oder diese Schauspielerin lieben und die Rezensenten werden euphorisch gerade von dieser Rolle im Feuilleton berichten!

Was ist passiert? Nichts! Regie und Schauspieler haben nur selbstbewusst gezeigt, was sie erst nicht zeigen wollten, aber letztlich nicht verbergen konnten. Vieles, was ich heute an Menschen weitergebe, habe ich mir in dieser Zeit angeeignet. Auch unser Leben ist ja eine Bühne. Jeder spielt Rollen, mal sind es viele, mal nur ein paar wenige.

Auch Sie sind immer wieder anders. Wir können voneinander lernen, uns etwas abschauen, erzählen und miteinander proben.

Mein Freund Martin

Die wundervolle Gabe, in kürzester Zeit Sympathien und Aufmerksamkeit für sich zu gewinnen, um dadurch Pläne und Projekte leichter zu realisieren, habe auch ich Menschen abgeschaut. Allen voran meinem alten Freund Martin, von dem ich Ihnen ab jetzt immer wieder erzählen werde und der sich vielleicht wundern wird, dass er in diesem Buch solch einen großen Raum erhält. Martin hat keine Ahnung, dass er Eindruck auf mich gemacht hat. Nicht nur als Freund und Kamerad, sondern ganz besonders mit seiner Gabe, auf Menschen zuzugehen und diese sich gewogen zu machen. Ist Martin ein Naturtalent? Ich glaube nicht. Wenn ich mich recht erinnere, war auch er im Teenageralter nicht gerade sehr gesprächig. Wie ich hat er im Laufe seines Lebens die Worte für sich entdeckt und darüber hinaus diese ganz gezielt in sein berufliches Leben eingebaut. Er spielt mit ihnen und mit den Bildern, die er damit erschafft.

Martin ist ein alter Klassenkamerad. Wir haben einige Jahre in der Schule zusammen verbracht und später die ersten Jahre zusammen studiert. Er hatte – man weiß nicht, wie – trotz seiner Maulfaulheit in der Pubertät immer die nettesten Freunde (und die hübschesten Freundinnen) und als Student die besten Ferienjobs. Mit den Jahren verwandelte sich Martin nämlich vom grauen Spatz zu einem Menschen, der andere in seinen Bann ziehen und faszinieren konnte. Fast selbstverständlich wurde einer seiner Semesterferienjobs später seine Berufung. Daraus ist heute ein kleines Unternehmen geworden, das Martin, seine Familie und seine Mitarbeiter bestens ernährt. Was Martin macht? Er verkauft Kastanien! Oder wie er es nennt: Maroni.

Eigentlich hat Martin ein kleines Catering-Unternehmen, aber das meiste Geld verdient er im Herbst und Winter, dann, wenn er auf dem Weihnachtsmarkt ist und Maroni verkauft. Martin ist *der* Maronimann. Er hat einen alten Bollerofen mit einem langen Ofenrohr, einen Hut auf dem Kopf, eine Felljacke um die Schultern und einen Sack Maronen. Sein Ofen glüht und qualmt und der ganze Stand ist in eine Duftwolke von gebackenen Maronen gehüllt. Immer mal wieder ist zu hören, wie er mit lauter Stimme verkündet, was bei ihm zu haben ist: MARONI! Hinter ihm hängt eine lange Wäscheleine, an der er kleine Päckchen und Bilder mit Wäscheklammern befestigt hat. Wenn er einen Kunden, ein Kind, eine Frau, besonders mag, dreht er sich um und verschenkt zu den Maronen noch ein Bild oder eine andere Kleinigkeit. Er spaziert dafür an seiner Leine entlang, legt den Kopf schief, und man sieht, dass er nachdenkt, um genau das richtige Bild oder Geschenk zu wählen.

Keine Sekunde des Kontaktes ist beliebig. Immer agiert Martin hundertprozentig individuell. Stand, Bollerofen, Hut, Jacke, Leine – das ist alles, was Martin für sein Geschäft braucht. Kleine Investition und große Wirkung. Stimmt noch nicht ganz. Martin bringt noch verschiedene andere »Sachen« mit. Zum Beispiel das Blitzen seiner Augen, seinen freundlichen Blick, sein Lächeln, seine Stimme, seine Mimik und seine rußigen Hände, mit denen er die Maronen in selbst gefaltete Papiertüten füllt, die er seinen Kunden in die Hand drückt. Nichts verläuft in diesem Verkaufsvorgang abgespult. Martin ist immer präsent, ganz *da* und voller Liebe für das, was er tut.

Ich habe viel von Martin gelernt, obwohl sich unsere beruflichen Wege sehr weit auseinanderentwickelt haben. Er machte aus seinem Aushilfsjob eine Existenz. Ich ging zum Theater, wurde Journalist und später Coach und Trainer. Da ist nicht viel Verbindung erkennbar. Doch wenn Sie genauer hinblicken, werden Sie sehen: Egal ob Maronen, Theater, Journalismus oder Beratung – immer sind Menschen der Mittelpunkt des Bemühens. Martin und ich wollten und wollen Menschen für uns und unsere Sache gewinnen. Wir möchten, dass sie uns zuhören, sich uns zuwenden und uns oder unseren Ideen eine Chance geben. Dazu muss der Rahmen stimmen. Nicht nur, *was* Sie sagen, hat eine Bedeutung, sondern *wann* und *wie* und mit *welcher Anmutung* Sie es sagen. Damit das ganze Rezept stimmt, muss es so unauffällig sein, dass niemand darüber nachdenkt. Die Menschen werden sich an Sie erinnern und erst einmal gar nicht genau wissen, warum.

»Er ist so freundlich«, »Das sind noch echte Maronen« oder »Hier glaube ich, was ich sehe«. Solche Bemerkungen bekommt man an Martins Maronistand von seinen Kunden zu hören. Und sie stehen bereitwillig bei ihm Schlange, während andere Maroniverkäufer Däumchen drehen und zuschauen, wie die Menschenmenge an ihnen vorüberzieht. Aber was ist der Unterschied zwischen Mar tin und anderen Maroniverkäufern, der ihn so erfolgreich sein lässt? »Irgendwie ist er anders als die anderen Maronimänner. Wenn die Kinder vor ihm stehen, dann sieht er nicht durch sie hindurch, sondern er nimmt sie ernst. Und die Erwachsenen auch.«

Die kleinen und großen Kunden von Martin können nicht wirklich beschreiben, was sie so an Martin mögen. Es ist ein Eindruck, der sich vermittelt, aber genau dieser Eindruck ist nicht wahllos, sondern Martins Lebenseinstellung und auch sein Konzept.

Martin *meint* die Menschen. Nicht nur die Kinder, auch die Eltern, Großeltern und all die Erwachsenen, die zu ihm kommen. Das ist seine Wirkung und das Geheimnis, das sich hinter seinem Erfolg verbirgt. Wenn er seinen Kunden die Tüten mit Maroni in die Hand drückt, dann packt er ihnen ein bisschen Herz dazu und Atmosphäre und Stimmung und überhaupt so ein Zipfelchen von sich selbst. Und die Menschen kommen immer wieder, denn es ist so schön, »gemeint« zu sein und nicht wie ein Geldbeutel auf zwei Beinen behandelt zu werden.

Große Unternehmen nennen das »Kundenbeziehungsmanagement« und geben viel Geld dafür aus, um es zu »implementieren« – Martin hat es im Blut. Er weiß, wie man sein Gegenüber wahrnehmen kann und so behandelt, dass man als Mensch in Erinnerung bleibt und immer wieder erkannt, gemocht und auserwählt wird. Und er weiß, was es neben ihm selbst noch dafür braucht. Welche Requisiten und welches Arrangement.

Deswegen ist Martin ein hervorragendes Beispiel und Vorbild, wenn Sie erfahren möchten, was man tun muss, damit Menschen sich einem öffnen und gerne wiederkommen. Seine Verhaltens-Zutaten zaubern ein Lächeln auf die Lippen und Martin bleibt allen in Erinnerung. Bei manchen mehr, bei anderen weniger, aber er bleibt. Und das ist es doch, was auch wir uns für uns wünschen, wenn wir einen Menschen für uns gewinnen wollen. Wir möchten nicht vergessen werden, kaum dass wir die Tür hinter uns geschlossen haben, sondern wollen weiter in Kopf oder Herz sein. Welche Möglichkeiten wir haben, damit dies geschieht, wollen wir im Folgenden näher betrachten.

Wie Sie dieses Buch am besten lesen

Sie können sich einzelne Kapitel rauspicken, die Ihnen sozusagen ins Auge fallen, oder Sie lesen das Buch, wie »man« Bücher halt so liest: von vorn nach hinten. Sie werden Passagen finden, die Sie mehr zum Nachdenken bringen, an anderen Stellen werden Sie nur nicken. »Weiß ich doch schon alles«, werden Sie vielleicht sagen. Richtig. Natürlich wissen Sie schon alles, denn den Umgang mit Menschen üben Sie ja bereits seit vielen Jahren. Aber haben Sie sich schon einmal Gedanken darüber gemacht, warum Sie wirken, wie Sie wirken? Was Sie genau tun und wie Sie sich in der Welt bewegen? Das ist besonders dann sinnvoll, wenn wir nicht immer das erreichen, was wir uns vorgenommen haben.

Ein Großteil unseres Verhaltens, das wir an den Tag legen, ist unbewusst. Indem wir uns bestimmte Aspekte bewusst machen, haben wir die Chance uns zu verändern und vielleicht leichter an unsere Ziele zu gelangen. Indem Sie sich etwas intensiver mit sich beschäftigen, haben Sie nun die Möglichkeit, genauer zu betrachten, welche Wirkung Sie verstärken möchten und welche vielleicht verzichtbar oder wandelbar ist. Insofern ist alles altbekannt und brandneu – nur dass Sie nicht alleine nachdenken müssen.

Es gibt Martin und es gibt mich. Sie werden Geschichten finden, Anregungen und vielleicht auch Überlegungen, die Sie zum Ausprobieren ermutigen. In die einzelnen Kapitel sind kleine Übungen eingestreut, die Ihnen die dargestellten Gedanken näher bringen wollen. Und am Ende jedes Kapitels steht eine »Maronenregel«, gekennzeichnet mit einer Maronentüte, die einen zentralen Gedanken noch einmal hervorhebt.

Die Kommunikation ist ein großes, buntes Feld. Toben Sie sich aus, sammeln Sie gezielt Lorbeeren und versuchen Sie von Zeit zu Zeit die Gespräche immer mal ein wenig anders anzugehen. Es wird sich dadurch nicht nur Ihre Kommunikation verändern, sondern vielleicht auch die Ihres Freundes-, Kunden- und Bekanntenkreises.

Gute Kommunikation unterstützt, fördert, beschenkt, verbindet und wird Ihr Leben auf unterschiedlichste Weise bereichern.

Mensch braucht Mensch

Und zwar nicht nur dann, wenn es darum geht, ein defektes Auto wieder in Gang zu bringen, wenn wir verzweifelt auf den Installateur warten, weil ein verstopftes Rohr an unseren Nerven zehrt. Auch im ganz normalen und undramatischen Tagesablauf benötigen Menschen andere Menschen. Auf der Post, in der Bank, in der U-Bahn, und sogar wenn wir ganz einfach einkaufen, brauchen wir Menschen, damit der Einkauf auch tatsächlich glückt. Zum Beispiel den Großbäcker oder Bauern, den Unternehmer, Händler, Fahrer, die Putzfrau und den Dekorateur. Der letzte Mensch in dieser hilfreichen Kette ist die Kassiererin, die Ihnen die Waren über den Scanner zieht, damit Sie schlussendlich zu Hause etwas im Kühlschrank haben. Mögen die Schlangen vor den Kassen noch so lang sein, Ihre Geduld nach Eselsart oder Ihre Nerven zum Reißen gespannt, Sie viel Geld in der Tasche oder nur ganz wenig haben – egal: Im Endeffekt muss die Frau oder der Mann an der Kasse bereit sein, Ihre Ware abzuziehen, wenn Sie sie auf das Band gelegt haben.

Aber diese Frau braucht doch *mich*, und nicht umgekehrt, denken Sie nun vielleicht empört. Wenn ich hier nicht einkaufe, dann hat sie keinen Job, und je freundlicher sie ist, desto eher bin ich gewillt, hier wieder herzukommen, denn das, was dieser Supermarkt verkauft, bekomme ich an jeder Ecke. Sie braucht mich für ihren Job. Ja, das stimmt. Die Frau an der Kasse braucht Sie. Aber Sie brauchen auch diese Frau. Da beißt die Maus keinen Faden ab, und das wird richtig deutlich, wenn wir uns einkaufstechnisch in eine Boutique oder in ein anderes Einzelhandelsgeschäft begeben. Nicht nur der Laden muss dem Kunden gefallen, nein, manche Kunden bekommen auch nicht, was sie begehren, weil ihre Nase nicht gefällt. Denken Sie zum Beispiel an Künstler. Manche von ihnen verkaufen nur an ganz ausgewählte Kunden. Wer muss nun wen gewinnen ...?

Zugegeben, das Supermarktbeispiel ist als Einstieg für solch ein Buch etwas ungewöhnlich. Doch wenn Sie sich nun selbst wieder in solch einer riesigen Halle sehen: Ist es nicht angenehmer, sich auch hier als Mensch und nicht allein als Kunde behandelt zu fühlen? Und wie denken Sie, ergeht es der Kassiererin, wenn sie feststellt, dass Sie sie bemerken und in ihr nicht nur eine Ware-über-den-Scanner-Zieherin und Geldkassiererin sehen?

Martin hat erkannt, dass er mehr als Maronen anbietet. Es ist das simpelste Prinzip im Verkauf. Er verkauft gut, wenn er einen Anreiz schafft, auf Menschen zugeht und ihnen das Gefühl gibt, dass er sie braucht, damit seine Welt ein bisschen reicher und auch schöner wird. Dass jeder seiner Kunden nicht nur Geld in der Tasche hat, sondern für ihn etwas Besonderes ist.

In unserer heutigen Zeit ist Sachlichkeit ein Maßstab, der in allen Bereichen viel zählt. Aber letztlich sind es doch die Gefühle, die uns leiten. Wenn wir etwas kaufen, dann packen wir damit auch das in die Tüte, was wir dabei erlebt haben. Martin verkauft nicht nur einfache Maronen. Bei ihm gibt es etwas zu sehen: Ein etwas wild aussehender, aber freundlicher Mann übergibt den Menschen etwas antiquierte Papiertütchen mit Maronen darin! Es dampft bei ihm und brodelt und der Stern an seinem Bollerofenrohr scheint manchmal direkt zu glühen. Martin verkauft keine Maronen, sondern ein Erlebnis!

Im Gegensatz zu anderen Verkäufern zieht er aber keine Show ab, sondern bleibt immer und direkt bei den Menschen. Er schaut ihnen in die Augen und ins Gesicht und vermittelt ihnen das Gefühl, dass alles hier am Stand nichts wäre, gäbe es nicht sie. Sie, die Frauen, die Kinder, die Männer, die lässig eine Zigarette im Mundwinkel rauchen, um ihre kindliche Freude etwas zu vertuschen.

Doch auch für uns, die wir in Büros arbeiten, im Vertrieb, Verkauf oder in anderen Situationen, ist es wichtig, wahrgenommen zu werden und andere Menschen wahrzunehmen. Selbst der trockenste Vortrag wird einprägsam, wenn es dem Referenten gelingt, dass wir einen Bezug zu seiner Person herstellen können. Und das gelingt nur, wenn er uns für sich und sein Thema gewinnen möchte.

Der Wunsch, bemerkt zu werden, ist ein ganz elementares menschliches Bedürfnis. Es gab Zeiten, da wären wir Menschen nie auf die Idee gekommen, es allein auch nur einen Tag lang schaffen zu wollen. Wir brauchten andere Menschen nicht nur zu unserem Vergnügen, sondern um schlichtweg in dieser Welt zu überleben. Die Menschen um uns herum waren uns Schutz und Sicherheit. In einer funktionierenden Gemeinschaft lebend, konnten wir davon ausgehen, nicht zu verhungern und bei Krankheit versorgt zu werden. Auch unsere Fortpflanzung wurde dadurch gesichert, denn damals brauchte es wirklich noch zwei Menschen, die miteinander Sex hatten, damit ein Kind entsteht.

Die Welt hat sich verändert und verändert sich weiter. Wenn wir wollen, können wir mittlerweile Kinder bekommen, ohne dass uns das andere Geschlecht auch nur im Entferntesten interessiert. Wenn wir uns langweilen, bieten unzählige Fernsehprogramme die Möglichkeit, uns zu unterhalten (oder unzählige Male zu langweilen). Wir können uns zwar noch keinen Roboter kaufen, der uns pflegt, dafür können wir uns eine Pflegekraft leisten, die uns umsorgt und ansonsten in Ruhe lässt (und oft kein Wort unserer Sprache versteht). Sie können einkaufen, ohne ein Wort mit einem anderen Menschen zu wechseln, und nehmen es hin, an der Kasse tonlos »7,76« zu hören. Sie haben dann Ihre Lebensmittel, aber so wirklich glücklich macht Sie das nicht.

Der Verstand ist schneller als die Seele

Unsere Seele hat die Schnelllebigkeit unserer Zeit und ihre Veränderungen noch nicht begriffen. Sie hat den Übergang vom Kramladen zum Supermarkt, von der Telefonzelle zum Handy, vom Brief zur E-Mail noch nicht geschafft. Sie ist langsamer als unser Verstand. Wie bei den alten Indianern sollten wir uns eigentlich erst einmal auf die Wartebank setzen und warten, bis unsere Seele in der neuen Zeit angekommen ist. Das ist natürlich nicht möglich. Und deshalb bleibt uns nur, damit umzugehen, dass ein Teil von uns von alten Bedürfnissen und Sehnsüchten geprägt und ein anderer längst damit vertraut ist, im neuen Tempo und mit den neuen Maßstäben zu leben. Unsere Seele ist noch immer nur halb im Hier und Jetzt und hält trotz modernem und besserem Wissen an guten, alten Zeiten fest.

Die Seele sucht nach

- einem Lächeln,
- einem freundlichen Blick in die Augen,
- einer warmen Stimme,
- einem angenehmen Händedruck,
- einer ernst gemeinten Frage,
- einer Antwort, die man glauben kann.

Fast könnte man sagen, es ist das »Prinzip Mensch« oder besser: »Menschlichkeit«. Reduziert auf diese wenigen Begegnungsmomente. Bekommen wir diese von einem anderen Menschen vermittelt, fühlen wir uns angenommen und wohl. Wir wissen dann, wir sind nicht allein auf dieser Welt. Es gibt jemanden, der vor uns steht und der bereit ist, mit uns zu teilen. Und sei es: Er seine Maroni mit uns und wir mit ihm unser Geld.

Ohne Menschen kommen wir nicht weit

Haben Sie schon einmal einen Notfall gehabt, bei dem Sie sich nicht selbst weiterhelfen konnten?

Das muss nichts Dramatisches sein. Nehmen wir einmal an, Ihr Kind hat mit dem Bleistiftende im Ohr gepuhlt und beim Rausziehen war der Bleistift zwar wieder da, aber der Radiergummi nicht mehr. (Ist wirklich passiert! Puhlen Sie also nicht mit dem Bleistift im Ohr. Nicht mit der Radiergummiseite und schon gar nicht mit der anderen!) Ihr Kind weint, Sie bekommen etwas zittrige Knie und beruhigen sich und diesen kleinen Menschen. »Es ist nicht schlimm, wir fahren zum Notdienst und dort wird alles wieder gut.« Sie versprechen Ihrem Kind (und irgendwie auch sich selbst), dass man beim Notdienst freundlich mit Ihnen beiden umgehen wird. Sie sind auf die Menschen, die sie dort antreffen, angewiesen. Kennen Sie das wohlige Gefühl, das einen überkommt, wenn man dann tatsächlich MENSCHEN begegnet und nicht nur Maschinen in weißen Kitteln? Manche Mütter und Väter weinen dann auf einmal vor Erleichterung los. Sie sind dankbar, dass jemand ihrem Kind hilft und darüber hinaus auch noch »gut« zu ihm ist. Sie können bei Ihrem Kind sein, aber jetzt, in dieser Ambulanz, sind Sie auf die Warmherzigkeit von anderen Menschen angewiesen.

Achten Sie eine Woche lang jeden Tag einmal darauf, in welchen Alltagssituationen mit Menschen, die Sie nicht besonders gut kennen, Sie sich besonders wohlfühlen. Was ist es, was Ihnen guttut? Was muss passieren, dass Sie gut gestimmt sind?

Wenn wir andere Menschen als Menschen wahrnehmen, so wie sie nun mal sind, wenn wir nicht an ihnen rumnörgeln und uns nicht lustig über sie machen, wenn wir ein wenig von der Demut spüren, dass wir letztendlich alle im gleichen universellen Boot sitzen, dann setzen so etwas wie Wellenbewegungen ein. Die Wellen kommen vom Herzen und gehen ins Herz zurück. Beide Beteiligte werden von dieser Kraft genährt. Weil das so guttut, zaubert sich in diesen Augenblicken meist ein Lächeln auf die Lippen und die Augen werden weich. Daran erkennen Sie, dass Sie nun mit Ihrem Gegenüber eine Schwingung teilen. Diese Schwingung kann sehr leicht sein oder sehr intensiv. In der Liebe ist sie zum Beispiel sehr, sehr dicht. Für Sie, die Sie vielleicht bei einem Kongress oder im Verkauf andere Menschen gewinnen wollen, ist eine leichtere Schwingung ausreichend. Es müssen uns nicht alle Menschen lieben, aber was immer wir auch von ihnen wollen, wir bekommen es leichter, wenn sie uns sympathisch finden und wir einen »Draht zueinander« haben.

Einer der grundlegenden Bausteine dafür ist die Erkenntnis, dass Menschen immer andere Menschen brauchen und dass Menschen glücklich sind, wenn sie spüren, dass sie wertvoll sind. Als Mensch und Kunde. Ein Kunde hat Wert für Sie, wenn er Ihre Ware schätzt, sie gerne kauft und außerdem noch pünktlich zahlt. Bei Ratenkäufen ist dies zum Beispiel ganz besonders wichtig. Sie haben als Verkäufer einen Wert, wenn Ihre Ware Ihren Beschreibungen entspricht und Sie für Fragen und Belange auch später noch zur Verfügung stehen. Dienstleistung wird das auch genannt.

Als Mensch brauchen Sie andere besonders dann, wenn es um Vertrauen geht. »Er soll ehrlich und zuverlässig sein«, liest man manchmal in Kontaktanzeigen. Oder sie soll »treu sein und zur Seite stehen«. Es sind die Grundwerte, die wir Menschen benötigen, damit wir uns wohlfühlen und gerne mit anderen Menschen zusammen sind.

Martin verkauft keine faulen Maronen und keine faulen Sprüche. Er meint es ehrlich, und sei es nur für diesen einen Augenblick. Verlässlich wird er wieder freundlich sein, wenn ein Kunde ein zweites Mal Maronen bei ihm kauft. Und immer wieder ist er »da« und träumt sich nicht hinweg. Er ist bei den Menschen und bei seinen Kunden, immer in der Dosierung, die es gerade braucht. Wie auch Sie diese richtige Dosierung entwickeln können, werden wir im nächsten Kapitel ausführlich betrachten.

Menschen wollen mit allem, was sie sind, wahrgenommen werden. Auch noch so sachliche Angelegenheiten werden letztlich auf Gefühlsschienen transportiert. Deshalb ist es wichtig, über Hierarchien, Formalitäten und besondere Umstände hinaus unser Gegenüber als Mensch zu sehen und auf einer menschlichen Ebene zu kommunizieren.

Wer, wie, was? – Andere Menschen einschätzen lernen

Eine geglückte Kommunikation hängt maßgeblich davon ab, ob Sie Ihre Sinne dafür schulen, wie Ihr Gegenüber gerade gestimmt ist, in welcher Situation er sich gerade befindet. Die Gunst der richtigen Stunde hat auch viel mit der Gunst der richtigen Stimmung zu tun. Die meisten Menschen schätzen es, wenn sie feststellen, dass sich ihr Gegenüber fein auf sie einschwingt. Ganz besonders dann, wenn sie selbst vom Kontaktsuchenden in erster Linie gar nichts »wollen«.

Wenn Sie auf einen anderen Menschen zugehen, um ihn für sich zu gewinnen, dann sind Sie die treibende Kraft in der Begegnung. Genau so werden Sie auch wahrgenommen. Auch wenn Sie sich andererseits nur in der Menge »herumdrücken«, nimmt Sie der Mensch trotzdem wahr, den Sie gerade nicht anzusprechen wagen. Auf Neudeutsch heißt das »Sharking«. Manche Menschen, die Kontakt suchen, kreisen um das »Objekt ihrer Begierde« herum wie ein Hai um einen Windsurfer. Still sondierend, aber irgendwie gefährlich. Werden Sie zubeißen? Vermutlich nicht, aber Sie können mit ziemlicher Sicherheit davon ausgehen, dass Ihr Gegenüber sich bei diesem Belauertwerden nicht besonders wohlfühlt. Und seine Bereitschaft, auf ein Kontaktangebot einzugehen, steigt dabei sicher auch nicht.

Besonders bei Menschen, die einem irgendwie wichtig oder interessant erscheinen, ist es sehr hilfreich, nicht auf »das Opfer« loszupreschen, sondern sich erst einmal einzuschwingen. Erfühlen Sie also, wie die Stimmung ist und wie Ihr Gegenüber gerade »drauf« ist, ehe Sie es mit Ihrem Anliegen oder Wohlwollen bestürmen.

Falls Sie Wohnungen oder Autos verkaufen, fühlen Sie sich vielleicht sogar manchmal wie ein Hai. Mit Schwimmen allein verkauft sich aber nichts. Das ist aber dann auch eine andere Ausgangslage als wenn Sie, wie Martin, nur ein paar Maronen im Tütchen unter die Leute bringen wollen. Und wieder anders ist es, wenn es Ihnen einfach um Kontaktaufnahme und Verbindung geht. Wenn Sie weder etwas verkaufen wollen noch diesen Menschen als sogenannten Türöffner brauchen. Je dringlicher und drängender Ihr Anlass ist, desto schwerer kann es Ihnen fallen, erst einmal freundlich die Situation zu analysieren:

- Komme ich gerade recht?
- Hat mein Gegenüber Zeit?
- Will er mit mir überhaupt sprechen?

Der erste Schritt: Sich erst einmal zurücknehmen

Nicht lang, aber wenigstens ein paar Sekunden. Bis Sie wissen, wie und wann Sie diesen Kontakt am besten anpacken. Für manche Menschen sind gerade diese paar Sekunden eine Tortur. Sie wollen loslegen und sind begierig zu schauen, ob sich das auch verwirklichen lässt, was sie im Sinn haben und bereits gedanklich in sich tragen. Diese Menschen drehen sich dann um sich selbst … und vergessen dabei, dass es für einen Kontakt zweier Personen bedarf, die beide ihre Bedürfnisse und Stimmungen haben.

> Menschen, die um sich kreisen, können nicht wahrnehmen, wie es dem anderen gerade geht. Die Hinwendung zum anderen ist aber sehr wichtig, wenn man sein Gegenüber für sich gewinnen möchte.

Wenn wir die Welt betrachten, in der wir agieren, wird unsensibles Verhalten aber fast erklärlich. Leben wir nicht in einer Welt, die mehr und mehr aufs Individuum ausgerichtet ist und eben nicht auf andere Menschen? Schier pausenlos sind wir aufgefordert, uns selbst darzustellen, ins beste Licht zu rücken, den eigenen Willen und Weg zu vertreten und uns zu positionieren. Auch weil scheinbar kein Mensch sich ansonsten dafür interessieren würde, was mit einem los ist und wo man steht.

Was für die Karriere manchmal (und ich meine damit wirklich nur *manchmal*) gut ist, kann für Netzwerke und Beziehungen störend, wenn nicht gar blockierend sein. Menschen, die nur nach den eigenen Bedürfnissen schauen und diese dann auch zum Ausdruck bringen, laufen Gefahr, in der Sackgasse der eingleisigen Kommunikation zu landen. Zwei Menschen sprechen und agieren aneinander vorbei und wundern sich danach, dass der andere sie »nicht verstanden« hat.

Der Mediziner und Neurobiologe Joachim Bauer hat dafür ein schönes Bild gefunden: Jede Beziehung sollte ein zweispuriger Weg sein. Es gibt eine Fahrspur, das ist unsere eigene, die wir verfolgen. Dazu gehört auch, dass wir als Person erkennbar sind und uns bemühen, verstanden zu werden. Und dann gibt es die Gegenspur. Wir müssen unser Gegenüber im Auge behalten, auf es Acht geben und uns für es interessieren. Bei manchen Menschen ist eine der beiden Spuren zu breit geraten – auf Kosten der anderen. Sie interessieren sich vor allem für sich selbst und erwarten von anderen, dass sie sich nach ihnen richten. Oder andere vernachlässigen die eigene Spur – die Fahrspur – und besitzen eine hohe Bereitschaft, andere zu verstehen und ihnen zu helfen – auf Kosten der eigenen Person. Im Idealfall sind beide Spuren gleich breit.

Nehmen Sie sich vor, in einer Alltagssituation an der Supermarktkasse, am Arbeitsplatz, in der Straßenbahn oder im Wartezimmer einen Menschen besonders wahrzunehmen. Gehen Sie einen Moment lang weg von Ihren eigenen Bedürfnissen und Befindlichkeiten und fragen Sie sich, wie es dieser Person gehen könnte, welche Bedürfnisse sie haben könnte und was ihr guttun würde. Was könnten Sie ihr davon geben?

Wenn Sie gerne Ihre Fähigkeiten, wie man andere Menschen für sich gewinnt, erweitern wollen, dann ist es nun Ihr erstes Anliegen, sich selbst zurückzunehmen und herauszufinden, in welcher momentanen Stimmungslage sich der andere gerade befindet. Mangelt es Ihnen an dieser Einschätzung, kann es sein, dass Sie regelmäßig am Ziel vorbeischießen, was im Klartext bedeutet: Nicht nur der andere ist irritiert (oder sogar verärgert), auch Sie verschwenden Zeit und Energie. Chancen werden dann übersehen oder nicht genutzt.

Um welche Einschätzung geht es?

Nun, Sie müssen wirklich niemand an der Nasenspitze ablesen, ob er gerade Stress mit seinem Gartennachbarn oder der Sohn schon wieder eine Delle ins neue Auto gefahren hat. Es kann Ihnen auch egal sein, ob Ihr Gegenüber zufrieden oder unzufrieden mit seiner Sekretärin oder seinem Friseur ist. Es geht vielmehr darum, ein Gefühl dafür zu bekommen, in welcher Situation, in welcher Stimmung und in welcher Haltung mein Gegenüber sich gerade befindet. Was dann für ein Gespräch unabdingbar wichtig ist, ist Ihre Einschätzung, ob der andere Mensch

- gerade an einem Gespräch interessiert ist,
- Zeit hat oder unter Zeitdruck steht,
- sich gerade lieber mit jemand anderem unterhalten möchte,
- nervös ist,
- abgespannt ist,
- aufgeregt ist,
- müde ist,
- gelangweilt ist,
- unsicher oder sicher ist.

Darüber hinaus – besonders wenn Sie den Kontakt auf einer Tagung oder nach einem Vortrag knüpfen wollen – sollten Sie Antennen dafür entwickeln,

- wie konzentriert Ihr gewünschter Gesprächspartner ist,
- ob er angespannt oder entspannt ist,
- ob er gerade dabei ist, »runterzukommen«,
- ob es andere Menschen gibt, die ihm die Hand schütteln wollen (und die ihm vielleicht wichtig sind),
- ob er Bücher signieren möchte,
- ob er gebeten wurde, weitere Informationen zu seinem Vortrag zu geben,
- ob er gerade einen Bekannten trifft oder
- vertieft in ein Gespräch ist.

Kurzum, Sie müssen herausfinden, ob Ihr Kontaktbedürfnis beim Gegenüber auf Resonanz stoßen könnte und ob Ihr Anliegen im Moment gerade »passt«.

Nehmen wir an, Sie würden eine Frau oder einen Mann ansprechen wollen. Können Sie erfühlen, wie Ihre Kontaktaufnahme ankäme? Ist Ihr Gegenüber mit seinen Augen und Ohren bei Ihnen oder ist die Konversation permanent zerrissen, weil ständig jemand anderes dazwischengrätscht und das Gespräch auf diese Weise unterbrochen wird?

Besonders auf Messen kann Ihnen das passieren. Deswegen sollten Sie neben allen anderen Bedingungen auch überprüfen, ob Ihre Beweggründe just in diesem Moment auch den anderen bewegen können. Genau das läuft zwar nicht als Laufschrift auf seiner Stirn, aber es gibt Signale, an denen Sie die Kontaktbereitschaft eines anderen Menschen erkennen können. Dafür sollten Sie sich aber bremsen, vielleicht einen Gang zurückschalten und für einen Moment die Situation etwas distanziert betrachten.

Distanz bedeutet in diesem Fall nicht, dass Sie sich über die Situation erheben, dass Sie Ihr »Opfer« aus der Ferne beäugen sollen, um sich dann anzupirschen und »zuzuschlagen«. Ich verstehe darunter, dass man sich sozusagen auf eine Metaebene begibt. Das heißt, dass man die Situation für einen Moment von außen betrachtet und sich einstimmt, indem man sich fragt:

- Ist es der richtige Zeitpunkt für mein Anliegen?
- Wie ist die momentane »Betriebstemperatur« meines Ansprechpartners?
- Welche Brücke kann ich zwischen mir und ihm schlagen?
- Wo sind Anknüpfungspunkte zwischen meinem Anliegen und seiner Geschichte?
- Welches sind die verbindenden Elemente, die eine Kontaktaufnahme erleichtern könnten?

Wenn Sie sich diese Fragen stellen, bringen Sie sich auch in einen Zustand der inneren Ruhe, der es Ihnen ermöglicht, über die momentane Situation hinauszusehen – sozusagen über die eigene Nasenspitze hinweg. Es ist sehr hilfreich, sich dann und wann aus einer Situation auszuklinken und sie mit all ihren Bestandteilen von außen – wohlgemerkt nicht von oben herunter – zu betrachten.

Martin steht oft vor seinem Bollerofen und lässt seinen Blick über das Geschehen schweifen. Wie ist die Stimmung auf dem Markt? Laufen die Menschen hektisch herum oder lassen sie sich Zeit? Auch auf einem Weihnachtsmarkt ist kein Tag wie der andere. Martin stellt ein Gefühl zu der Situation her und entscheidet, ob er lieber mal Maronen auffüllt, seine Geschenkeleine neu behängt oder ob er auf Menschen zugeht, ihnen Maronen anbietet und sie kosten lässt.

Eine Einschätzung der Situation gelingt in den meisten Fällen und mit ein wenig Übung sehr schnell. Normalerweise haben wir es – ganz unkompliziert – im Gefühl, ob jemand für uns bereit ist oder nicht. Es kann aber vorkommen, dass unser eigener Wunsch nach Kontaktaufnahme so stark ist, dass uns dies einen Strich durch die Rechnung macht. Dann drängen wir, sind auf uns bezogen und geben dem anderen nicht die Zeit und den Raum, die er braucht. Sich auf andere Menschen einzustimmen bedeutet immer wieder aufs Neue, von sich selbst zu lassen und zurückzutreten. Nicht allein zum Wohl des anderen, sondern auch zu unserem eigenen Wohl. Wenn Sie es nicht schaffen, Ihre eigenen Wünsche und Bedürfnisse zu kontrollieren und zurückzuhalten, dann stürmen Sie los und holen sich vielleicht eine Abfuhr.

Sind Sie unsicher und können Sie die Situation nicht richtig einschätzen? Verhält sich der Mensch, mit dem Sie in Kontakt treten wollen, reserviert und ist dann gleich wieder offen und aufgeräumt? Passt es nun oder passt es nicht? Bleiben Sie einen Moment in der Nähe und beobachten Sie, wie er auf andere Menschen reagiert, die ihn oder sie gerade ansprechen. Lächelt er? Ist sie freundlich? Bekommen die Fragenden Auskunft oder nur ein paar Wortbrocken hingeworfen? Sie finden das in der Beobachtung heraus, können daraufhin noch mal überlegen, ob der Moment günstig ist oder nicht, und einen neuen Anlauf nehmen.

Ihre Initiative ist gefragt!

In der Kontaktaufnahme sind Sie am Zug! Zumindest dann, wenn Sie auf einen anderen Menschen zugehen möchten. Es ist Ihre Aufgabe, die Stimmung zu sondieren. Menschen, denen Sie fremd sind, sehen sich nämlich erst einmal nicht veranlasst, sich auf Sie einzustimmen. Es sei denn, es handelt sich um sehr selbstbewusste und freundliche Menschen, die den Kontakt dann irgendwie für sich regeln. Aber Visitenkarten, die schnell und hektisch zugesteckt oder dem anderen vielleicht sogar aufgedrängt werden, wandern nur in irgendwelche Jackentaschen oder Seitenfächer von Handtaschen, aber ihr Inhalt nicht in den Bereich des Gedächtnisses, in dem angenehme Erlebnisse abgespeichert werden. Und ob sie in den Jacken und Handtaschen wiedergefunden werden, weiß auch nur der Gott der kleinen Kärtchen.

Wie nehmen Sie die Stimmung des anderen wahr?

Sie können davon ausgehen, dass Sie das meiste schon in der Mimik und Körpersprache ablesen können. Noch bevor ein Satz gesprochen wird. Als Beispiel nehme ich gerne die Situation in einer bunt gemischten Gesellschaft. Da sind viele Menschen, die sich miteinander unterhalten, und Ihnen ist daran gelegen, mit einem dieser Gäste intensiver ins Gespräch zu kommen. Sie haben eine Idee, ein Projekt, einen Kooperationsvorschlag, ein Anliegen, das Sie loswerden wollen, oder Sie möchten diesen Kontakt kultivieren, weil er für Sie wichtig ist innerhalb einer größeren Vernetzung. In diesem Fall geht es Ihnen nicht um die große Liebe, sondern Sie möchten eine Tür öffnen, damit weitere Türen sich später leichter öffnen lassen. Aber vielleicht haben Sie sich auch ein wenig verliebt. Dann ist es natürlich besonders wichtig, die Situation genau und taktvoll zu erfühlen. Selbst wenn der Kontakt mit dem anderen nur sehr kurz ist, muss er doch so intensiv sein, dass er weiterführt. Womöglich in ein gemeinsames Leben ... oder einen Lebensabschnitt oder doch nur zu einer anderen Tür, die dieser Mensch später für Sie öffnet. Damit das eine wie das andere gelingt, muss sich Ihr Gegenüber später an Sie erinnern. Und zwar so, dass er gerne an die Situation zurückdenkt!

Sie kennen sicher die Visitenkarten, die einem nach einem Treffen wieder in die Hand fallen und unangenehme Gedanken und Gefühle in einem aufkommen lassen. Unschöne Bilder tauchen auf und wir bekommen das, was man einen schalen Geschmack im Mund nennt. Was macht man mit diesen Karten? Wir werfen sie (und die unschöne Erinnerung) weg und hoffen, dass sich diese Menschen niemals bei uns melden. Es ist zwar noch nicht die ganze Milch verschüttet, aber der Milchfleck auf dem Tisch ist unübersehbar. Kontaktaufnahmen, die derart schiefgelaufen sind, brauchen viel Liebe und Mühe, damit sie wieder in eine angenehme Waagrechte kommen. Deswegen fädeln Sie diese Projekte lieber sorgsam ein. Einfädeln bedeutet, den anderen zu beobachten, wahrzunehmen, zu wissen, was man von ihm will, und dann auf eine gute Gelegenheit zu warten. Ohne Sharking, versteht sich.

Martin hat auf dem Weihnachtsmarkt eine ähnliche Situation. Es hat gar keinen Sinn, irgendeinem Menschen, der vorbeischlendert, eine Tüte mit Maronen unter die Nase zu halten, wenn dieser Mensch andere Signale gibt. Ob ein Besucher des Weihnachtsmarktes von ihm angesprochen werden will, erkennt Martin

- am Blick,
- an der Schnelligkeit der Schritte,
- an der Stirn,
- am Mund,
- an der gesamten Anspannung von Gesicht und Körper.

Würde er das Signal »Stopp, bitte nicht!« oder gar »Lass mich bitte in Ruhe!« empfangen, dann würde Martin niemals diesem Menschen in den Weg springen und fröhlich auf seinen Bollerofen zeigen oder mit gerösteten Maroni wedeln. Er ist freundlich, sucht Blickkontakt, aber erhält er keine Resonanz, dann lässt er den anderen gehen. Lieber keinen Kontakt als einen schlechten. Und in der Konsequenz eine Abfuhr.

Was aber, wenn Sie in Kontakt kommen müssen?

Sie sind nicht Martin und haben nicht die Freiheit und vielleicht auch nicht die Wahl zur Kontaktaufnahme. In dem Fall ist es günstig nachzufragen:

- »Entschuldigen Sie bitte ... komme ich sehr ungelegen? Ich würde Sie gerne einmal kurz sprechen.«
- »Ich habe den Eindruck, dass es gerade nicht passt, dürfte ich Sie dennoch für einen Moment stören?«
- »Ich möchte nicht unhöflich sein, aber dürfte ich Sie kurz ansprechen?«

Das Wörtchen »kurz« ist hier das Signal. Und dass Sie thematisieren, dass Sie begriffen haben, dass der Moment nicht hundertprozentig passt. Sie haben es gesagt und damit deutlich gemacht, dass Sie Feingefühl besitzen. Offenbar haben Sie in diesem Moment keine andere Möglichkeit. Wenn Sie Ihr Bedürfnis aber so formulieren, dann bekommt das der andere mit. Ganz sicher kennt er diese Situationen auch, dass man lieber warten würde, aber leider nicht warten kann. Zeigen Sie sich also freundlich, aber beherzt. In der Regel beißen Menschen nicht, wenn man sie nicht reizt. Sie sollten aber unbedingt eine Visitenkarte dabeihaben, die aussagekräftig ist, und auf eine erneute spätere Kontaktaufnahme hinweisen. Auf diese Weise haben Sie eine Tür geöffnet. Eintreten können Sie dann später, zu einem Zeitpunkt, wenn man Sie gerne hereinbittet.

Zu einem Kontakt gehören immer mindestens zwei Personen. Es ist wichtig, den Menschen, mit dem ich in Kontakt treten möchte, dort abzuholen, wo er sich befindet. Dazu ist es notwendig, dass ich genau und mit einer gewissen Neugier erforsche, wie seine derzeitige Befindlichkeit und seine Situation beschaffen ist. Vielleicht hat er gerade Verpflichtungen oder ist auf andere Dinge fokussiert. Oder er hat Lampenfieber, weil er gleich einen Vortrag halten muss. Oder er ist schlicht und ergreifend nervös, weil er gleich seinem neuen Chef vorgestellt werden soll.

Echt authentisch!

Sie merken es in der Begegnung. Da ist ein Mensch, er steht Ihnen gegenüber und spricht mit Ihnen. Sie hören ihm zu, schauen ihm dabei in die Augen und fühlen sich wohl. Sie müssen nicht weiter darüber nachdenken, ob Ihr Gesprächspartner über die Worte hinaus noch weitere Botschaften vermitteln will, ob er Hintergedanken hat. Es ist nicht nötig, nach dem Text zwischen den Zeilen zu suchen. Sie müssen nicht raten, deuten, grübeln, sondern Sie können Ihr Gegenüber eins zu eins wahr- und ernst nehmen. Ein Ja ist ein Ja, ein Nein ein Nein und kein verstecktes »Fiesback«, keine geheime Rache oder eine kleine Bosheit.

Schlägt man in verschiedenen Lexika nach, so zieht sich eine Botschaft durch alle Ebenen. Ein authentisch wirkender Mensch wirkt echt, unverbogen und ungekünstelt. Er ist glaubwürdig und man glaubt ihm gerne. Was er sagt, hat Stimmigkeit, und seine Körpersprache erzählt keine anderen Geschichten als sein Mund. Das wird als sehr wohltuend erlebt. Besonders in unserer Zeit, die von PR, Selbst-PR, Werbung und mehr von Schein als vom Sein geprägt ist. Viele Menschen sind ständig auf der Hut. Kann man das glauben, was da eben gesagt wurde? Ist ein Wort noch ein Wort oder bei näherem Nachfragen doch nur ein Vielleicht?

Authentische Menschen sind nicht nur glaubwürdig, sondern auch verlässlich. Und das in jeder Beziehung. Was sie sagen, gilt, und sie brauchen keine Lügen, um sich oder eine Situation nach außen besser darzustellen. Es ist so, wie es ist. Punkt. Menschen, die »echt« sind, kennen ihre Schwächen und Stärken und finden es unnötig, Dinge zu beschönigen. Sie stehen zu ihren Fehlern, und deswegen dürfen auch ihre Mitmenschen Fehler machen. Das ist sympathisch und erleichternd.

Immer wieder liest und hört man, dass Fehler nur allzu menschlich seien. Aber Fehler machen? Das ist nicht drin. Und dann ist da auf einmal ein Mensch, der Ecken und Kanten und Fehler und Schwächen erlaubt, weil er als Mensch selbst Ecken und Kanten, Fehler und Schwächen hat. Kein Wunder, dass authentische Menschen sehr beliebt sind. Man fühlt sich wohl in ihrer Nähe, entspannt und erlebt Vertrauen. Und es ist auch kein Wunder, dass viele Menschen eine große Sehnsucht haben, natürlich, echt und authentisch zu wirken. Sie wollen diese Ruhe ausstrahlen, diese Selbstsicherheit und Glaubwürdigkeit. Ihnen ergeht es, wenn Sie sich nach dieser Wirkung sehnen, nicht anders als vielen anderen Menschen auch.

Machen Sie sich eine Liste mit Ihren Stärken auf der einen Seite und mit Ihren Schwächen auf der anderen. Denken Sie daran: Schwächen oder Fehler sind Gelegenheiten, dass Sie für sich dazulernen können. Und vergessen Sie nicht: Nobody is perfect!

Authentizität macht die Herzen auf, authentische Menschen rennen offene Türen ein. Fast sind Doktorentitel und Ausbildungsnachweise nicht mehr nötig. Wenn Sie authentisch sind, hören Ihnen die Menschen zu, selbst dann, wenn Sie nicht alle Fakten parat haben und nicht alle Fragen beantworten können. Eine Personalleiterin verriet mir einmal, dass sie mit Vorliebe die Menschen einstellt, die dazu stehen, dass ihnen zu manchen Themen der Zugang fehlt. »Das ist doch glaubwürdig«, meinte sie. »Ich interessiere mich ja auch nicht für alles und kann auch nicht alles. Wenn jemand sagt, er kann alles und ist an allem interessiert, dann werde ich misstrauisch und schaue mir die Bewerbung zweimal an.«

Offen einzugestehen, dass man etwas nicht kann oder besser, noch nicht kann – besonders in einer Situation, in der man sich selbst präsentiert , das zeugt von Selbstbewusstsein und menschlicher Größe. Dieser Mensch, denken sich andere, kann zu seinen Stärken und Schwächen stehen. Ohne dass darüber gesprochen wird, ist klar: Wer weiß, was er nicht kann, der weiß auch, was er kann. Er kann sich einschätzen, und das ist sehr hilfreich. Es spart Zeit und viel Rätselraten. Aber auch, wenn es erst einmal um »nichts« geht, sind authentische Menschen ein absoluter Genuss in der Begegnung.

Authentisch sein heißt:

- Die Stimme von diesem Menschen ist wohlklingend.
- Der Blick ist direkt und klar.
- Das Lachen ist echt.
- Der Händedruck ist angenehm
- Das Gefühl, das vermittelt wird, ist wohlwollend.

Kann man Echtheit lernen?

Wir alle sind echt und bringen Echtheit ins Leben mit. Ich habe noch von keinem Menschen gehört, der als Plastikpuppe zur Welt gekommen ist. Kinder zeigen noch eins zu eins, was sie bewegt. Ihre Gefühle sind klar abzulesen und man spürt sofort, wenn sie jemanden mögen oder nicht. Man nennt dieses Verhalten auch »unverstellt«. Wir können uns nicht wie Kinder in der Welt bewegen, mag es auch noch so echt und authentisch sein. Kinder lieben und hassen, aber sie tun dies unreflektiert. Genau dieser Schritt macht den Unterschied zwischen einem Erwachsenen und einem Kind aus. Erwachsene können nachdenken, abwägen und reflektieren, warum manche Menschen uns liegen oder nicht. In der Reflexion liegt auch die Chance, uns Menschen zuzuwenden, die wir vielleicht erst einmal nicht mögen, oder Situationen für uns zu nutzen, die uns als gute Gelegenheit erscheinen, obwohl sie auf den ersten Blick kompliziert sind. Mit der Reflexion, dem Abwägen von guten und schlechten Aspekten, kommt dann oft das Kalkül, die Sorge, das Optimum für sich aus einer Situation herauszuholen. Das führt dazu, dass wir uns nicht mehr natürlich und authentisch verhalten. Die Anfänge dieser Form von Hemmung liegen oft in der Schulzeit.

Das Kind, das eben noch geliebt wurde, allein weil es Kind ist, darf nicht mehr einfach nur *sein*, sondern muss sich nun beweisen und zeigen, dass es etwas *hat* oder *kann*, um geliebt zu werden. Der Mensch beginnt sich zu verstellen, »gibt an«, zeigt seine »Schokoladenseiten« und versucht, seine »negativen« Aspekte zu verbergen. Je stärker dieses Verhalten ausgeprägt ist, desto unechter werden viele Menschen. Es kostet schließlich auch Kraft, ständig Versteck zu spielen. Dahinter steckt natürlich die Angst, so, wie man ist, von anderen Menschen nicht akzeptiert zu werden.

Auf der Suche nach Authentizität gilt es also, den Weg zurückzugehen. Zu dem Moment, an dem wir unbewusst entschieden haben, eine Sahneschicht mehr auf den trockenen Mürbeboden unserer Persönlichkeit zu legen. Ohne darüber nachzudenken und zu fühlen, ob der Mürbeteig nicht schon wunderbar ist. Sahne gibt es überall auf der Welt! »Warum trägt der nur so dick auf?«, fragen sich dann andere Menschen. Oder: »Was hat er denn? Irgendwie werde ich das Gefühl nicht los, dass er nie ganz echt ist.« Und Misstrauen und Vorbehalte sind schon da!

Sie können also Authentizität in dem Sinn nicht lernen, sondern nur wiederherstellen. In Ihrem tiefsten Innersten sind Sie nämlich bereits authentisch. Sie haben in letzter Zeit vielleicht nur ein wenig zu viel Buttercreme auf Ihr Verhalten gelegt, um von außen die Bestätigung zu bekommen, die Sie sich vielleicht selber vorenthalten.

Martin ist ein Mensch, der sich und anderen nichts vormacht, obwohl er ein Kostüm trägt und dadurch eine Illusion vermittelt. Die Illusion ist stimmig, weil Martin stimmig ist und weil die Illusion ein Teil seiner Persönlichkeit ist. Sie ist keine Lüge. Er wird zu keinem anderen Menschen, wenn er seinen Hut abnimmt. Vielleicht treten andere Aspekte hinzu. Am Abend ist er zu Freunden und zur Familie genauso herzlich wie zu den Besuchern des Weihnachtsmarktes. Es strengt ihn nicht an, denn in jeder Minute gibt er das, was er ist. »Manchmal ist das mehr und manchmal weniger«, meint er. »Wie das ja auch bei meinen Kunden ist. Es gleicht sich aus, wenn jeder das gibt, was er hat, und das auch noch gerne teilt.«

Damit hat Martin etwas Wichtiges gesagt. Authentizität und Teilen hängen eng zusammen. Sind wir echt, geben wir Einblick, teilen uns mit oder teilen Situationen mit anderen Menschen. Damit geben wir ein Stückchen von uns weiter oder lassen uns ein bisschen in unsere Seele blicken. »Warum sollte ich mein Wesen nicht zeigen?«, fragen glaubwürdige Menschen. »Es ist doch kein Staatsgeheimnis! Außerdem kommt auch immer etwas zurück.«

Authentisch sein heißt die Angst verlieren

Nicht die Angst vor anderen Menschen, denn es gibt viel weniger Schurken da draußen, als Sie befürchten. Es bedeutet, die Angst vor sich selbst zu verlieren, den ständigen Kritiker und Besserwisser in uns selbst in Urlaub zu schicken, weit fort, am besten auf Nimmerwiedersehen, oder nur noch für gelegentliche Treffs zu kontaktieren. Auf dem Weg in die ureigene Natürlichkeit können Sie diese Miesmacher als Gesellschafter nicht brauchen. Der innere Kritiker wird Ihnen permanent und mit zusammengekniffenem Mund sagen, wie Natürlichkeit noch besser geht, und der Miesmacher gibt seinen Senf in der Art dazu, dass er Ihnen einredet, viel zu steif zu sein, um jemals so etwas wie Natürlichkeit auszustrahlen. Erteilen Sie diesen Halunken Sprechverbot, denn Sie meinen es nicht gut mit Ihnen. Machen Sie sich eher auf den Weg, Ihr authentisches Wesen (wie Dornröschen) zu erlösen. Es braucht Mut dazu. Sie müssen vielleicht Drachen bekämpfen. Und Dornen gibt es allemal. Aber wenn Sie anfangen, sich selbst zu mögen, dann ist es zwar schön, von anderen gemocht zu werden, aber es ist nicht mehr so existenziell wichtig. Sie müssen dann nicht danach streben, sondern tragen dieses Wissen in sich.

Bis sich dieses wunderbare Gefühl längerfristig einstellt, wird es für Sie hilfreich sein, sich ein paar Gedanken zu bewahren:

- Haben Sie mit sich Geduld!
- Schenken Sie sich mindestens zwei Fehler pro Woche, die Sie machen und von denen Sie anderen erzählen.
- Wenn Ihnen jemand eine Schwäche gesteht, so fühlen Sie mit und geben Sie keine Ratschläge.
- Erlauben Sie sich, Treffen mit Menschen abzusagen, die Sie nicht treffen wollen.
- Versuchen Sie so oft wie möglich die Wahrheit zu sagen.
- Machen Sie keine falschen Komplimente.
- Lachen Sie nicht, wenn Sie nicht lachen wollen.
- Starten Sie in den Tag, indem Sie sich über sich, eine Facette Ihrer Persönlichkeit oder über eine geglückte Situation freuen.
- Suchen Sie die Nähe zu Menschen, die Sie als wahrhaftig und authentisch erleben.
- Loben Sie sich selbst – und zwar ehrlich und nicht abgespult.
- Nehmen Sie Dinge und Erzählungen nicht mehr hin, sondern fragen Sie interessiert nach.

Authentische Menschen nehmen am Leben teil, indem sie sich selbst als Teil des Lebens sehen. Weil sie dabei wie ruhende Pole wirken, suchen andere Menschen ihre Nähe. Es ist wohltuend und beruhigend, mit einem Menschen zusammen zu sein, der nichts vorgibt und dem man selbst nichts vormachen muss. Mehr müssen Sie nicht tun. Mit jedem Tag, an dem Sie ein weiteres Stückchen von sich selbst zeigen und lieben, werden auch mehr Menschen in Ihr Leben treten. Sie können nun schauen, welche Verbindungen Sie pflegen möchten und welche nicht. Denn auch das gehört zur Authentizität: herauszuspüren, mit wem man Kontakt haben möchte und mit wem nicht. Um dann eventuell Nein zu sagen. Vielleicht, aber nicht unbedingt. Sich für bestimmte Menschen zu entscheiden heißt nicht automatisch, gegen andere zu sein. Mit etwas gutem Willen würden Sie auch in diesen etwas Liebenswürdiges finden, etwas, was Sie mögen.

Jeder Mensch ist ein Original. Nicht alle Originale passen zusammen wie ein Puzzle. Je klarer Ihnen das ist, desto mehr Freude werden Sie daran haben, sich für die Menschen zu entscheiden, die zu Ihnen und in Ihr Leben passen. Vor diesem Luxus schrecken manche zurück. Fast so, als würde es einem nicht zustehen, von den Menschen umgeben zu sein, die man wirklich mag. Als müsse man alle Menschen »lieb« haben.

Sie dürfen sich gegen Kontakte entscheiden. Das muss nicht kalt klingen oder barsch sein, aber ich habe schon erlebt, dass Menschen einfach sagten: »Die Zeit ist so kurz. Ich möchte sie mit meiner Familie und meinen Freunden verbringen. Bitte verzeihen Sie mir, wenn ich mich erst dann bei Ihnen melde, wenn ich etwas Luft habe. Dann können wir uns gerne für eine Stunde treffen.« Bei dieser freundlichen Absage ist nicht nur klar, wer den Kontakt wieder aufnimmt, sondern auch, wie viel Zeit dafür eingeplant ist. Das ist klar, authentisch, deutlich.

Je deutlicher Sie selbst wahrnehmen können (und dieser Wahrnehmung auch nachgehen), welche Menschen Sie treffen möchten und welche nicht, desto deutlicher wird die Qualität Ihrer Beziehungen. Das wirkt nach außen! Und zwar positiv und genau auf die Menschen, die Sie gerne als Freund oder Kontaktperson hätten.

Authentische Menschen sind mit sich selbst gut im Kontakt und kommen deshalb auch gut in Kontakt mit anderen. Sie kennen ihre Stärken und ihre Schwächen, müssen nichts verbergen und können sich so auf das Wesentliche konzentrieren. Es lohnt sich also, an der eigenen Authentizität zu arbeiten!

Zeigen Sie sich – hier und jetzt!

Wer einen Kontakt knüpfen möchte, der muss etwas von sich zeigen. Alles andere ist undeutlich und wird zu einem Gerede um den heißen Brei. Man wirkt dann indifferent. Ein Mensch, der sich nicht zeigt, verleitet andere Menschen dazu, darüber nachzudenken, »was los ist«, und verführt nicht zum Hinhören. Aber das ist es doch, was Sie möchten! Sie wollen einen anderen Menschen dazu bringen, sich mit Ihnen zu unterhalten, und Sie wünschen sich, in Erinnerung zu bleiben. Ist Ihnen jemals ein Mensch in Erinnerung geblieben, der nur halb bei der Sache war oder sich so verdruckst oder verschämt verhalten hat? Ja? Natürlich bleiben einem diese Menschen in Erinnerung, aber in welcher ...! Es ist, als würde das Fragezeichen noch immer im Raum schweben, das sie hinterließen. Das ist nicht der Eindruck, den Sie hinterlassen wollen, oder?!

Begegnungen wirken immer dann nachhaltig, wenn wir ganz und gar »präsent« sind. Präsenz bedeutet, dass wir mit unserem Körper, unserem Geist und unserer Seele beim Gespräch und Gegenüber sind. Wenn ein Mensch sich ganz und gar widmet, fällt dies immer auf und gibt Gesprächen die Tiefe, die sie benötigen, um nicht vergessen zu werden.

Dabei bleibt manchmal nicht mal der Inhalt haften. Aber Sie als Person tun es. Da war jemand, der sich gezeigt hat. Mit seinen Gedanken, seiner Konzentration, seinen Fragen und seiner Körpersprache. Kurz: Mit seiner Präsenz.

Das merkt doch niemand, wenn ich denke

Denken Sie! Es fällt immer auf, wenn ein Mensch mit einem anderen spricht und gleichzeitig einen inneren Dialog mit sich führt. »Mit wem spricht er denn eigentlich?«, würde man sehr gerne fragen. Den inneren Dialog oder das stille Selbstgespräch kann man Ihnen an den Augen und an der Mimik ablesen. Es ist nicht so, dass es andere Menschen so benennen, sie erkennen es oftmals nicht als Gespräch, aber sie empfinden die Situation als »merkwürdig« und irgendwie »zerfasert«. Diese Einschätzung genügt, dass sich Ihr Gegenüber mehr Gedanken darüber macht, was Sie gerade denken, als zu registrieren, über was sie beide gerade sprechen. Nun können Sie sich zu Recht entrüsten: »Meine Güte, dann denke ich eben mal, ist doch auch egal.« Klar, jeder hat das Recht, auch mal wegzudriften und nicht immer klar bei der Sache zu sein. Auch Ihr Gegenüber wird nicht immer hundertprozentig präsent sein, sondern vielleicht über die Schulter anderen Menschen zunicken oder vielleicht sogar mit Vorbeikommenden ein paar Worte wechseln. Sie können das nicht abstellen und erst recht nicht verbieten.

Was Sie aber durchaus können: auf Ihre eigene Präsenz ein Augenmerk haben. Und die ist Thema dieses Buches. Erneut und zur Erinnerung: Es geht nicht um gutes oder schlechtes Verhalten. Auch nicht, was erlaubt ist und was nicht. Es geht um die optimalen Bedingungen, wie Sie auf andere Menschen wirken, und zwar so, dass diese Ihnen zugetan oder von Ihnen angetan sind. Präsenz ist dabei eine ganz wichtige Zutat. Sie können den falschen Zeitpunkt wählen und Sie können mit dem falschen Thema ein Gespräch beginnen. Alles schon passiert – doch Präsenz ist es, die bewirkt, dass man Ihnen weiter zuhört und Sie ernst nimmt. Stille Selbstgespräche sind deswegen hier fehl am Platz.

Versuchen Sie sich einmal in einem Gespräch ganz bewusst auf Ihr Gegenüber einzulassen und alle Gedanken, die nicht zur Situation gehören, auszublenden. Sie werden sehen, dass die Dinge, die wirklich wichtig sind, nicht davonlaufen. Nach dem Motto meiner Großmutter »Eins nach dem anderen« werden Sie feststellen, dass es besser ist, die Dinge hintereinander statt parallel zu denken und in einer Situation zu 100 Prozent präsent zu sein.

Wieso reden wir eigentlich mit uns?

Genügt es nicht, dass da jemand vor uns steht? Müssen wir uns mit inneren Quasseleien auch noch die Zeit verderben? Zeit und Laune, denn dummerweise sind die meisten Selbstgespräche nicht sehr hilfreich. Umfragen haben ergeben, dass sich die meisten Menschen regelmäßig in ihren inneren Dialogen selbst »in die Pfanne hauen«. Sie sprechen mit sich in einer herabwürdigenden Weise und in einem Ton, den sie bei keinem Freund und keinem Fremden anschlagen würden. – Beispiele gefällig?

- Du kannst aufhören, der hört dir eh nicht zu!
- Was war denn das für eine Formulierung?
- Dümmer geht's ja wohl nicht, ich kann einpacken!
- Das hast du ja mal wieder prima hingekriegt!
- Mir fällt nichts mehr ein.
- Stimmt mit mir was nicht? Die schaut so seltsam.
- Bestimmt langweile ich.
- Sicher denken alle: Der ist aber doof.
- Mein Anzug hängt an mir wie ein Fetzen.
- Ausgerechnet heute sehe ich so blöd aus!

Egal ob Männer oder Frauen, die Tendenz sich selbst niederzumachen, ist weit verbreitet. Wenn Sie aber mit sich reden, und zwar in dieser Art und Weise, dann ist eines sicher: Das Gespräch kann Ihnen nicht gelingen. Nicht einmal, weil Sie vielleicht unsicher wirken, sondern eher, weil beinahe zwei Drittel Ihrer Energie nach innen gerichtet sind. Ihr Gegenüber steht aber vor Ihnen. Und genau für dieses Gespräch, auf das Sie vielleicht hingearbeitet oder dem sie entgegengefiebert haben, haben Sie nun weniger als die Hälfte Ihrer Energie übrig!

Probieren Sie es aus oder stellen Sie sich Martin vor, wie er Ihnen ein paar Maronen anbietet und gleichzeitig abwesend über Ihre Schulter schaut und dabei denkt, was für ein mieser Maronenverkäufer er doch ist und dass Sie ganz sicher und viel lieber Ihre Maronen an einem anderen Stand erstehen würden.

Nun? Haben Sie es gespürt? Bemerken Sie, wie einem allein bei dieser Vorstellung die Lust auf Maronen und ein Gespräch mit Martin vergeht? Aber auch, wie man sich als Kunde nicht mehr wichtig und ernst genommen fühlt? Da steht jemand und spricht. Das können Sie an den Mundbewegungen und spürbaren Schallwellen gut erkennen. Aber Sie sind nicht mit diesem Menschen in Kontakt, denn er ist viel zu sehr beschäftigt, und zwar mit sich selbst.

Gespräche, die zu einem Ergebnis führen sollen, benötigen Ihre ganze Zuwendung und Ihre ganze Energie. Halbherzige Gespräche sind fast schlimmer als gar keine Gespräche. Nicht stattgefundene Gespräche machen wenigstens nichts kaputt. Schieben Sie lieber ein Gespräch auf, als ein halbherziges Gespräch zu führen, wenn Sie sich von der Unterhaltung irgendetwas erwarten.

Wie kann man innere Gespräche vermeiden?

Indem man sie nicht führt. Gut gebrüllt, Löwe, ich weiß. Aber tatsächlich ist das Abstellen dieser Gedanken viel leichter, als man erst einmal glaubt. Was das angeht, erging es mir nicht anders, als es Ihnen jetzt vielleicht ergeht. »Die Gedanken sind frei« heißt es in einem politischen Lied. Das ist auch richtig so, aber manchmal ist es notwendig, sie an die Leine zu legen, wenn sie mal wieder nicht zu fassen, nicht zu bändigen, nicht zu kontrollieren und nicht zu erziehen sind. Ein autonomer Teil in unserem Gehirn macht wie ein ungezogenes Kind, was er will. Wäre ja alles ganz schön, wenn unsere Gedanken aufbauend wären. Sind sie aber dann im Regelfall nicht. Innere Gespräche sind nichts als heiße Luft, sie führen zu nichts. Oft ziehen sie einen herunter, demotivieren, machen klein, sagen uns, was alles nicht funktioniert und nicht glücken wird. In der buddhistischen Philosophie werden deswegen Gedanken längst nicht so wichtig genommen. Man nennt sie eine »wilde Affenherde«, die durch den Kopf springt. Da sind ein paar nette Affen darunter, manche sogar mit Grips im Kopf, aber eben auch eine Menge anderer, die nur ausgelassen herumtollen und nichts als Unsinn im Sinn haben.

Eine kleine Affendressur

Sie wollen nun also Ihre Affenherde bändigen, weil herumspringende Affen einfach nicht sehr hilfreich sind, wenn Sie ein Gespräch führen wollen?

Der erste Schritt liegt darin, dass Sie die Affen überhaupt bemerken. Sie müssen Sie wahrnehmen! Und zwar nicht so, dass Sie mit einsteigen und nun auch noch herumtollen, sondern in einer eher achtsamen Art und Weise. Etwa indem Sie bemerken: »Aha, da ist Besuch!«, oder: »Ups, da ist ja noch jemand in der Leitung.«

Im zweiten Schritt weisen Sie diesen Gedanken die Tür. Auch das funktioniert meist leichter als angenommen. Sagen Sie »Stopp!«, »Schluss!« »Ruhe!« Hinter jedem Wort steht übrigens ein Ausrufezeichen, was besagt, dass Sie eine gewisse Entschlossenheit in Ihre Stimme legen sollten, auch wenn diese still ist und nur in Gedanken vorhanden ist. Die Affen sind nämlich wie kleine Kinder. Wenn Sie lasch oder halbherzig Ihre Befehle geben, dann werden sie eher noch lauter und tanzen Ihnen auf der Nase herum.

Nun gibt es aber auch Gedanken, die haben vielleicht eine Berechtigung und wollen sich nicht so einfach das Wort verbieten lassen. Nur ist eben der Zeitpunkt für ihr Auftreten gerade nicht der richtige, denn Sie sind ja im Moment beschäftigt. Diese Gedanken wollen Sie warnen, an etwas erinnern oder mitten im Gespräch zu einem ganz anderen Thema führen. Mit diesen Gedanken können Sie ein wenig freundlicher umgehen, denn sie sind gutmütig und Ihnen grundsätzlich wohl gesonnen. Sagen Sie zu diesen Gedanken also »Später« oder »Gleich nach dem Gespräch denke ich darüber nach!«

Ich habe mit Letzterem gute Erfahrungen in Zeiten der Trauer oder bei Trennungen gemacht. Die Gedanken an einen lieben Menschen kommen immer wieder. Die Trauer und auch die Traurigkeit lassen sich nicht den Mund verbieten und wollen nicht weggeschickt werden. Zu Recht! Aber so ernst Sie diese Gedanken auch nehmen sollten, sie passen nicht, wenn Sie gerade ein Gespräch knüpfen oder etwas verkaufen möchten. Geben Sie sich eher feste Trauerzeiten. Dann weiß die Trauer und auch die Traurigkeit, dass Sie in die Gedanken um einen Menschen eintauchen werden, aber eben nicht rund um die Uhr und nicht nach dem Motto »Allzeit bereit«. Am Abend kann man gut trauern, in einer Kirche, bei einem Spaziergang. Nehmen Sie sich für diese Gedanken Zeit, aber reagieren Sie nicht auf jedes Anzeichen der Trauer. Sagen Sie: »Heute Abend will ich an diesen Menschen denken!«, oder: »Nachher gehe ich spazieren und will den Spaziergang nutzen, um nachzudenken.« Nach dem Spaziergang ist dann wieder Schluss und Sie widmen sich dem Hier und Jetzt.

Die Trauer hat manchmal die Tendenz, sich zu breitzumachen. Reicht man ihr den kleinen Finger, nimmt sie die ganze Hand, weil sie ansonsten befürchtet, vergessen zu werden. Je ehrlicher Sie mit der Trauer oder traurigen Gedanken umgehen, desto eher geben sie Ruhe und desto besser heilt diese Wunde. Lieber weniger Besuche, dafür aber wirkliche Gespräche. Was im Leben funktioniert, funktioniert auch mit den Gedanken.

Trauer ist aber nur ein Beispiel dafür, wie Gedanken und starke Gefühle uns besetzen können und dafür sorgen, dass wir in einer Situation nicht anwesend sind und uns dem Menschen, der uns gegenübersitzt, nicht widmen können. Dasselbe Muster funktioniert auch bei anderen Gelegenheiten, in denen wir uns durch Gefühle motiviert von Gedanken mitreißen lassen. Das muss aber nicht zwangsläufig so sein!

Hier die einzelnen Schritte noch mal kurz zusammengefasst:

1. Achtsam sein
2. Gedanken wahrnehmen
3. »Affe« oder ernst zu nehmender Gedanke?
4. »Affen« wegschicken oder ihnen das Wort verbieten
5. Ernst zu nehmenden Gedanken einen späteren Zeitpunkt nennen, wann Sie sich ihnen widmen
6. Aufmerksamkeit wieder zurück zum Gesprächspartner lenken

Dieser Vorgang geht – einmal eingeübt – blitzschnell. Sie sind dann zwar auch für einen kleinen Moment nicht mehr präsent, aber das ist immer noch besser, als ein ganzes Gespräch lang nur halb da zu sein, weil Sie mit den Gedanken immer wieder abdriften und innere Monologe mit sich führen. Alle Gedanken, die Sie aus einem Gespräch weglocken wollen, haben jetzt hier nichts verloren. Die Palette reicht von Kuchenbacken bis Hochzeitsreise. Seien Sie also aufmerksam mit sich selbst!

Wenn man einen bestimmten Umgang mit seinen Gedanken einmal eine Zeit lang geübt hat, dann wird es bald keine Situationen mehr geben, in denen man abwesend ist.

Wenn Martin am Vormittag zu seinem Stand geht, dann weiß er, dass seine ganze Aufmerksamkeit gefragt ist. Halbherzige Begegnungen mit anderen sind enttäuschend, und zwar für beide Seiten. Ganz besonders Kinder spüren das. Sie können nach einer lauwarmen Begegnung richtig desillusioniert reagieren. Etwa wenn der Nikolaus gar nicht echt ist, hinter dem Kaspertheater ein Mann erscheint und achtlos die Handpuppe hinlegt oder der lustige Maronimann irgendwie gar nicht so lustig und echt ist. Auch Maronimänner haben eine Verantwortung, das weiß Martin, und deswegen sind ihm alle Begegnungen wichtig. Wenn er sich morgens ankleidet, dann geht er mit jedem Strumpf und Knopf schon so ein bisschen in Richtung Weihnachtsmarkt. Den Hut zieht er erst auf, wenn der Bollerofen heiß ist und die ersten Maronen bereits duften. Er ist bereit und es kann losgehen!
Mit dem Hut, den er sich aufsetzt, kommt der innere Befehl, ab jetzt nicht mehr in Gedanken, sondern draußen bei den Menschen zu sein. Muss oder will Martin nachdenken, so setzt er seinen Hut

ab und geht ein paar Schritte über den Markt. Nun ist er privat und für sich. Zieht er aber den Hut wieder auf, dann ist er ganz bei seinen großen und kleinen Kunden. Dieser Vorgang ist nicht so einfach passiert. Martin hat ihn für sich so beschlossen. Ganz bewusst und ganz klar. Es ist für ihn der beste Weg, das private Gedankenkarussell und die Hinwendung an seine Kunden voneinander zu trennen.

Vielleicht gibt es für Sie auch einen Hut. Oder ein paar Schuhe? Oder einen Ring oder einen Duft, die Ihnen sagen: Jetzt will ich ganz präsent und bei den anderen Menschen sein. Oder vielleicht tragen Sie in der Hosentasche eine Hosentaschenmadonna oder sonst einen Gegenstand, der eine Bedeutung für Sie hat. Er wird sie jedes Mal, wenn Sie in die Tasche greifen, daran erinnern, dass Sie sich vorgenommen haben, ganz präsent zu sein. Probieren Sie es aus! Viele Menschen tragen auch bestimmte Kleidung, um sich selbst und anderen diese Präsenz zu signalisieren. Ärzte tragen weiße Kittel, der Pfarrer eine Soutane und Menschen, die bei der Bahn oder als Flugbegleiter arbeiten, eine Uniform. »Jetzt sind wir für Sie da!« lautet das Signal.

Um sich zu zeigen, ist es also wichtig, da zu sein, präsent zu sein.

Zeigen Sie sich ganz!

Wenn wir uns einem anderen präsentieren, so ist dies wie ein Bild. Bilder haben schöne Ausschnitte und auch weniger schöne. Zeigen Sie sich ganz! Das bedeutet nun nicht, dass Sie gleich mal sagen sollen, was Sie alles nicht können oder welche Fehler Sie haben. Ich meine vielmehr: Zeigen Sie sich in einem realistischen Licht. Besonders bei Vorstellungsgesprächen kann es passieren, dass Menschen beginnen, alles zu können, alles zu mögen, alles zu lieben. Kein Weg ist zu weit, keine Aufgabe zu schwer – und Großraumbüro? Na, davon hat man doch schon ein Leben lang geträumt ...!

Wenn Sie sich in einer Abteilung vorstellen, werden Sie mit Menschen zusammenarbeiten. Höchstwahrscheinlich. Und diese werden sich darüber freuen, wenn auch Sie sich als Mensch zeigen. Menschen treten in Fettnäpfchen, Menschen machen Fehler und Menschen sind in manchen Dingen supergut und in anderen ein wenig schwach. Kein Problem. Deswegen gibt es ganz unterschiedliche Exemplare von uns auf der Welt, die sich gegenseitig ergänzen und ausgleichen. Jeder mit seinen Stärken und Schwächen.

Das geht aber nur, wenn Sie selbst wissen und auch zugeben können, wo Ihre Stärken und Schwächen liegen. Sie geben damit anderen Menschen die Chance, Sie um Hilfe zu bitten oder Ihnen Unterstützung zu gewähren. Und die Wahrscheinlichkeit wird größer, am richtigen Arbeitsplatz zu landen und nicht beliebig irgendwo, weil Sie angeblich ein Alleskönner ist. Darüber hinaus zeigt es Vorgesetzten, dass Sie kein Schaumschläger sind, sondern sich selbst gut einschätzen können. Manche Tätigkeiten oder Projekte liegen einem einfach mehr und man findet darin schneller Freude und Erfolg.

Wenn Mitarbeiter aus Scham oder falschem Ehrgeiz bei einer Aufgabe bleiben, weil sie von sich selbst (und oft auch von anderen) verlangen, dass jeder alles können muss, dann kostet das dem Unternehmen viel Geld. Es ist kostspielig, Menschen zu beschäftigen, die sich selbst falsch einschätzen und einen Großteil ihrer Energie darauf verwenden, so zu tun, »als ob«, und ständig damit beschäftigt sind, an ihrer Fassade zu arbeiten. Also bleiben Sie besser bei dem, was Ihnen wirklich liegt, und: Zeigen Sie sich, damit Sie gesehen werden können.

Die Fähigkeit, in einer Situation präsent zu sein, ist eine der wichtigsten Grundlagen dafür, in Kontakt – auch mit sich selbst – zu kommen. Wenn wir abgelenkt sind und uns tausend Dinge durch den Kopf schießen, wir vielleicht gar gerne anderswo wären, dann gelingen unsere Vorhaben und unsere Kontakte nur halb. Erst wenn wir ganz da sind, werden wir auch ganz zufrieden sein. Dazu gehört auch, dass wir einen guten Umgang mit unseren Fehlern, Mängeln und Defiziten haben.

Lieblingswirkung Souveränität

Frage ich Menschen, was sie sich in Situationen, »bei denen es darauf ankommt«, am meisten wünschen, so höre ich sehr oft das Wort »Souveränität«. Fast scheint es mir zu einer Zauberidee geworden zu sein, so als ob jeder, der souverän ist, Situationen und Kontaktaufnahmen besser meistert und zudem bei der Arbeit und in der Liebe auf der sicheren Seite steht. Hake ich genauer nach, so stellt sich heraus, dass es so eine Art »Grobkonzept Souveränität« gibt, das sich meine Klienten wünschen. Beim Feintuning fallen dann einfach all die Schwächen und vermeintlichen Fehler weg, die die Unsicherheit und Ungeübtheit mit sich bringen. Diese Menschen blicken dabei sehnsüchtig auf Vorgesetzte, Kollegen oder öffentliche Personen, die man aus den Medien kennt und die vermeintlich souverän durchs Leben gehen.

Wie Sie aber vielleicht selbst schon bemerkt haben, sind dies alles Menschen, zu denen man als Angestellter, Bekannter oder Zuschauer eine gewisse Distanz hat bzw. zu denen man sogar aufblickt. Das bedeutet, das Bild, das wir von einem Vorgesetzten, Kollegen oder Prominenten hinsichtlich seiner Souveränität haben, ist nicht wirklich überprüfbar. Bei einem Freund ist das schon anders, denn bei ihm kennen wir meist die souveränen, starken und eben auch die schwachen Seiten. In dem Moment, in dem wir andere Menschen bewundern, fallen diese aber unter den Tisch. Übrig bleibt nur der dringende Wunsch, möglichst souverän von einer Sache zu überzeugen oder von sich bei anderen einen guten Eindruck zu hinterlassen.

In Diskussionen und Streitgesprächen, bei Konflikten und beruflichen Auseinandersetzungen, in denen wir nicht unser Innerstes zeigen möchten, kann die Souveränität ein richtig gutes Schutzschild sein. Auch wenn wir uns in einer Gesellschaft fremd fühlen, niemanden kennen oder uns einer Sache oder in einem Ablauf noch nicht ganz sicher sind, gibt sie uns die Ruhe, die auf andere Menschen »überlegen« wirkt. So möchte ich auch sein, denken sich dann andere. So gelassen und sicher.

Was verbinden Menschen mit Souveränität?

- Selbstsicherheit
- Gelassenheit
- eine gewisse Distanz
- »die Sache im Griff haben«
- sich von anderen nicht kleinmachen lassen
- Wissen besitzen
- Intelligenz
- Eloquenz

Das Geheimnis von wirklicher Souveränität ist vielleicht das Bewusstsein, dass es auch noch andere Lebenssituationen gibt als diejenige, in der wir uns gerade befinden.

Souveräne Menschen können nicht nur schnell verbal reagieren, nein, sie tun dies auch noch mit einer gewissen Leichtigkeit. Kein Wunder, dass viele Menschen nach Souveränität streben. Je öfter man mit Menschen zusammen ist, desto hilfreicher scheint sie zu sein. In einem Kloster oder als Einsiedler steht Souveränität an untergeordneter Stelle. Es kommt also nicht nur auf uns selbst an, sondern auch immer auf die Situation und den Kontext. Zudem gilt es zu entscheiden, wann Souveränität gefragt ist und wann es hilfreicher ist, authentisch zu wirken. Souveränität und Authentizität können gleichzeitig stattfinden. Häufig gehen sie aber getrennte Wege.

Im Wörterbuch der deutschen Sprache findet man unter dem Schlagwort »Souveränität« folgende kurze Definition:

frz.: souverain, mlat. superanus – darüber befindlich, überlegen, zu lat. super = oben, darüber.

Hätten Sie nicht auch etwas Schickeres mit mehr Strahlkraft erwartet? Und nun lesen wir einzig vom »Drüberstehen«! Da kommt doch leicht die Frage auf: Wollen wir das wirklich? In den meisten zwischenmenschlichen Fällen sicher nicht. Es sei denn, jemand erzählt wirklich saudumme Witze oder macht sich über uns lustig. In diesen Situationen ist es sehr praktisch, über der Situation zu stehen und mit einer scharfzüngigen Antwort dem anderen die Luft zum Weiterreden zu nehmen. Souveränität hat den Effekt, dass wir uns sicher fühlen, genauso wie andere.

Um bei dem kleinen situativen Beispiel zu bleiben: Nach solch einer souveränen Reaktion ist der Witzeerzähler mehr mit sich beschäftigt als mit uns. Das gibt uns Zeit zum Nachdenken, wie wir das Gespräch – weiter souverän – führen oder beenden können. Das Schöne ist dabei, dass in diesem Moment unser Gegenüber nicht ahnt, was in uns vorgeht. Wir tragen eine Maske. In diesem Fall wirken wir vielleicht sogar noch freundlich und sind für den anderen damit so eine Art lächelndes Fallbeil.

Auf der sicheren Seite sein

Souveränität ist aber nicht nur in Verteidigungsfällen nützlich, sondern überall, wo wir uns unsicher fühlen: in fremden Umgebungen, bei Vorträgen und Präsentationen, wenn wir flirten usw. Immer wenn wir meinen: Jetzt kommt es drauf an. Männer neigen übrigens eher dazu, dass sie sich wünschen, »aus einem Stück geschnitzt« zu sein. Frauen bevorzugen als Wirkung lieber sexy, freundlich oder geheimnisvoll. Also einladend für das »starke Geschlecht«.

Menschen, die souverän sind, scheinen sich sicher zu sein und geben sich unbeeindruckt, auch wenn es außen herum kracht und blitzt. Sie reagieren besonnen und rennen dann nicht wie kopflose Hühner durch die Gegend. Das macht Eindruck und zieht an!

Sich sicher zu fühlen ist eines der menschlichen Grundbedürfnisse. In den meisten Fällen geht es uns dabei weniger um die Sicherheit selbst – die Gefahren, die im Alltag des 21. Jahrhunderts auf uns lauern, sind relativ gut einschätzbar –, sondern vielmehr um das Gefühl der Sicherheit. Oder anders gesagt, das Gefühl, nicht angreifbar zu sein.

Eine der vielen Möglichkeiten, sich nicht angreifbar zu machen, ist, einfach keine Angriffsflächen in Form von Fehlern zu bieten. Das ist ein weitverbreitetes Verständnis von Souveränität. Die kleine Variante, die umgangssprachlich auch als »Perfektionismus« bezeichnet wird. Wenn schon nicht Souveränität, dann wenigstens Perfektion, beschließen diese Menschen. Perfektionismus kann man kontrollieren und nach und nach durch Übung aufbauen.

Es beißt die Maus keinen Faden ab: Ein rechter Winkel ist genau messbar und perfekt, wenn er 90 Grad hat. Sekunden und Minuten sind auch Maßeinheiten, auf die sich ein Großteil der Menschheit als objektiven Maßstab geeinigt hat (auch wenn es viele Menschen gibt, für die Pünktlichkeit kein Qualitätskriterium zu sein scheint). Doch welche Maßeinheit gibt es für Menschen und vor allem deren Verhalten? Das ist – wie ich finde – sehr diskutabel. Was der eine gut findet, findet der andere schlecht. Und was der eine unpassend findet, das passt dem anderen genau. Also: Es ist sehr schwierig, sich perfekt zu verhalten. Dann doch lieber innerhalb bestimmter Konventionen sich »drauflos verhalten« und sich für die Kritik, die da vielleicht kommen könnte, wappnen.

Es gibt Situationen, über die man sich geeinigt hat, welches Verhalten dort angebracht ist. Im Stadion darf ich andere Lieder singen als in der Kirche. Am Strand herrscht ein anderer Dresscode als im Ballsaal oder im Büro. Es gibt gesellschaftliche Vereinbarungen, an die sich die meisten Menschen halten. Diese Handlungsrahmen bieten aber genügend Raum, um selbst entscheiden zu können, welches Verhalten dem eigenen Geschmack am besten entspricht.

Auf diese Art und Weise bekommt die Souveränität eine persönliche Note.

Zu souverän ist manchmal unsouverän

Souveränität ist als Haltung sehr beliebt, sie kann aber auch ganz schön hinderlich sein, wenn man seine persönliche »Duftmarke« hinterlassen möchte. Wer möchte denn bei einer Hochzeit schon eine souveräne Braut neben sich haben? Oder stellen Sie sich eine Mutter vor, die ihr Kind »souverän« auf die Welt bringt. Weihnachten im Familienkreis dieses Jahr mal ganz souverän?

Zuweilen kann das perfekte Auftreten auch leger, fehlerhaft, witzig sein und ist gerade deswegen perfekt in seiner Unvollkommenheit, weil es uns unseren Zielen näher bringt. Fettnäpfchen sind manchmal ein größerer Sympathiefaktor als Souveränität und eine Haltung, die zu 120 Prozent perfekt ist. Es kommt immer darauf an, wie man mit den Pannen umgeht. So weiß man aus der Fernsehgeschichte, dass ausgerechnet die Nachrichtensprecher in Erinnerung bleiben, die mal zwischen zwei Meldungen einen Lachanfall hatten oder die sich durch einen Versprecher aus dem Konzept bringen ließen. Kleine Fehler können etwas sehr Anziehendes haben!

Denken Sie an Menschen und Situationen, an die Sie sich gerade deshalb erinnern, weil sie von Vorkommnissen geprägt waren, die nicht perfekt waren und gerade deswegen als sehr menschlich im Gedächtnis haften geblieben sind.

Souveränität kann also passen oder komplett fehl am Platz sein. Dann wirkt sie »drüberstehend«, als Zeichen von Schwäche, und damit ungünstig und nicht verbindend. Die Souveränität, die Sie sich wünschen, ist dagegen vermutlich eher Zeichen von innerer Ruhe, Ausgeglichenheit und Stärke.

Wann ist *gute* Souveränität gefragt?

Wenn Sie sich bei einem Kongress, in einer Gesellschaft oder auf einem Empfang »gut darstellen« möchten, dann ist Souveränität genau das, was Sie brauchen. Nun sind Ausstrahlung und Wirkung gefragt – und es ist unwichtig, ob Sie privat bei der Werbung von nimm2-Bonbons losheulen, weil Sie dabei immer an die eigene Kindheit denken. Souveränität steht über den Dingen. Das muss nicht ohne Gefühle und Sentimentalitäten ablaufen. Souverän sind Sie, wenn Sie anderen Menschen – möglicherweise sogar mit einem Lächeln im Gesicht – von Ihrer sentimentalen Seite erzählen können. Wieder werden Sie dann bewundert und wieder sagt man von Ihnen: »Toll, wie der das erzählen konnte!«, oder: »Das hätte ich mich nicht getraut, ist doch irgendwie privat. Aber sie ist eben souverän.« Schwächen und Macken werden zu Stärken, wenn sie anderen mit souveräner Stimme und Haltung präsentiert werden.

Souveränität ist dann wertvoll und unerlässlich, wenn es darum geht, etwas zu verkaufen, eine Abteilung zu führen, eine Besprechung zu moderieren oder wenn man ein Projekt platzieren möchte, bei dem es um Know-how geht. Mit Souveränität wirkt man nicht nur sicher, sondern gibt auch anderen Menschen Sicherheit. Das ist immer dann wichtig, wenn wir Menschen für uns oder eine Sache gewinnen möchten. Die Botschaft der Souveränität lautet: Ich kenne mich aus. Wenn Sie also die Gabe der Souveränität für sich gerne hätten, dann ist der erste Schritt, sich auszukennen in dem, was Sie tun oder zu tun anstreben. Sich mit etwas auszukennen bedeutet im Vorfeld, Mühe und Konzentration aufzuwenden, um sich das Wissen anzueignen. Man gibt sich einem Thema hin und wird sich dadurch dessen sicher. Und wenn Sie in dem Thema zu Hause sind, von dem Sie anderen erzählen möchten oder das Sie verkaufen wollen, dann wird Sie keine Frage mehr irritieren.

Das wollen aber die meisten meiner Seminarteilnehmer nicht sehen. Sie würden am liebsten als Kaninchen in einem Zylinder verschwinden und als Löwe wieder auftauchen. Oder sie wünschen sich, dass ich ihnen eine Infusion verabreiche, die ihnen über Nacht Souveränität einflößt.

Souveräne Kindheit, souveräne Zukunft

Weit verbreitet ist die Ansicht, dass Souveränität einem Menschen in die Wiege gelegt wird. Entweder man hat sie oder man hat sie nicht, meinen viele Menschen. Bei manchen mag das stimmen, wobei es dann nicht die Wiege, sondern das Kinderzimmer ist, in dem die Souveränität entstanden ist.

Menschen, die schon als Kinder souverän waren, haben das meist seltene Glück, in einem Elternhaus aufgewachsen zu sein, das sie als kleine Persönlichkeiten ernst nahm und ihnen gleichzeitig viel Sicherheit gab. Vater und Mutter haben sich für das Wesen des Kindes interessiert und es in seiner Entwicklung gefördert. Gleichzeitig haben sich diese Eltern aber nicht nur ausschließlich auf ihr Kind und dessen Erziehung gestürzt, sondern hatten auch durchaus das eigene Leben und die eigene Entwicklung im Auge. Das Kind war also nicht einziger Mittelpunkt der Familie, sondern jeder in der Familie hatte seinen Platz, und zusammen ergaben sie ein Ganzes. Die Eltern waren Vorbild, wie man sich souverän bewegt und ständig im Leben weiter lernt. Solche Kindheiten machen Menschen stark und im Erwachsenenalter souverän. Sie lernen dann von den Eltern, dass Talente und Fähigkeiten erwünscht sind und Fehler erlaubt. Schwächen sind dann ein Zeichen dafür, was es noch alles zu lernen gibt. Und überhaupt: Entwicklungsfähigkeiten sind ein reiches und weites Feld.

Souveränität ist aber auch erlernbar. Was können wir tun, um sicherer zu werden und über mehr Souveränität zu verfügen?

1. Versuchen Sie mehr und mehr herauszufinden, was Sie alles gut können.
2. Zeigen Sie Nachsicht (mit sich und anderen).
3. Lächeln Sie.
4. Schenken Sie Vertrauen und Verlässlichkeit.
5. Üben Sie sich in der Kunst des Zuhörens.
6. Strahlen Sie Ruhe aus
7. Glauben Sie an sich.

Menschen, die sich selbst und anderen Fehler erlauben, geben sich die Möglichkeit zu wachsen und können wachsen lassen. Sie wissen, dass Gras nicht schneller wächst, wenn wir daran ziehen. Sie haben den Glauben daran, dass sich etwas entwickeln kann und dass es auch so etwas wie Fügungen gibt, die letztlich eine schützende Hand über einen halten. Souveräne Menschen drängen und drängeln nie, sondern haben die Ruhe und Gewissheit, dass sie die Dinge bewirken werden, die sie bewirken sollen. Klappt etwas nicht, dann kann man später einen zweiten Versuch starten, aber es läuft einem nichts weg und es ist nie die letzte Gelegenheit.

Das, was zu einem gehört, wird kommen – aber man muss zeigen, dass man es will. So könnte einer der Grundsätze von souveränen Menschen lauten. Von diesen Gedanken beseelt, findet kein Druck nach außen statt, sondern im Gegenteil eher Dankbarkeit und Demut. Souveräne Menschen bedanken sich oft und ehrlich bei anderen Menschen. Ob das der Taxifahrer ist oder der Nachtportier im Hotel. Diese Dankbarkeit zaubert auch sehr häufig ein Lächeln auf das Gesicht, was andere Menschen wiederum als angenehm und anziehend empfinden. Das Lächeln ist eine Einladung und strahlt aus, dass der andere Mensch, mit was er auch kommen mag, erst einmal willkommen ist.

Souveränität kennt keine Klassen oder Standesunterschiede. Ein souveräner Mensch ist zu allen Menschen gleichermaßen höflich. Niemals wird er nur bestimmte, ihm dienliche Menschen angenehm behandeln. Auch bei Mitarbeitern und Mitmenschen fahren souveräne Menschen nicht aus der Haut. Sie fahren diese auch nicht launisch an.

Martin versteht diese Kunst. Er verkauft seine Maronen mit der gleichen Freundlichkeit und Souveränität an Manager wie an Hausfrauen. Er kennt keinen Unterschied. Für ihn sind alle Maroniesser gleich. Egal ob sie einfache Menschen sind, nur ein bisschen Deutsch können oder dem Hamburger Adel entstammen. Es ist ihm egal und Martin hat es nicht nötig, Menschen unterschiedlich zu behandeln. Nicht weil er besonders reich wäre, sondern weil er es nicht nötig hat. Er steht darüber und reagiert, was immer auch passiert, ausgleichend und mit Ruhe. Daheim schimpft er freilich schon auch mal los, denn Martin ist kein Heiliger, auch wenn sein Name zu dieser Annahme verleiten könnte. Damit wären wir wieder am Anfang des Kapitels: Würde er auch zu Hause souverän von manchem Ärgernis erzählen, hielte ihn seine Frau sicher für unterkühlt. Doch daheim ist Martin authentisch.

Sicher ist dies eine wunderbare Kombination: souverän und authentisch. Wenn Sie sich in beidem üben, haben Sie einerseits die nötige Gelassenheit und sind andererseits auch immer wieder mit »dabei«. Diese Kombination macht Sie zu einem Menschen, der wohltuend ist, da er erst einmal von anderen nichts erwartet und Menschen so nimmt, wie sie sich ihm zeigen.

Souveräne Menschen sind nie »fertig«, sondern betrachten das Leben als eine Lebensaufgabe, der sie sich gerne stellen. Und mit der Zeit, ganz unbemerkt, kommt dann auch die Souveränität. Sie müssen es nur merken!

Wie Sie sicher festgestellt haben, ist das Rezept für Souveränität kein Hamburger, sondern ein mehrgängiges Gourmet-Menü. Sie können sich täglich darin üben und täglich dabei beobachten, wie Ihr Verhalten auf andere Menschen wirkt und was Sie dazu tun können, dass Sie sich in allen möglichen Situationen sicherer fühlen. Denn das Gefühl der Sicherheit ist die Basis für souveränes Verhalten.

Ich bin anders, Sie auch!

Die meisten Menschen haben von Natur aus einen Hang, sich zu verbinden, Ähnlichkeiten mit anderen zu suchen und Harmonie zu leben. Dagegen ist nichts einzuwenden, solange wir im Auge behalten, dass jeder Mensch sich von anderen unterscheidet. Obwohl wir oberflächlich betrachtet uns alle äußerlich ziemlich ähnlich sind, gibt es doch erhebliche Unterschiede bei genauerer Betrachtung.

Es gibt Verhaltensweisen und Ansichten, die uns mit anderen verbinden, und Verhaltensweisen und Ansichten, die uns von anderen Menschen unterscheiden. Jeder Mensch hat seine Eigenheiten und trotzdem kann man auch mit (fast) allen Menschen Gemeinsamkeiten finden. Mal mehr, mal weniger.

Machen wir zur Verdeutlichung einen kurzen Ausflug in die Mengenlehre: Wenn jeder Mensch eine Menge ist – von Eigenschaften und Gewohnheiten, Vorlieben und Abneigungen, Interessen und Desinteressen usw. –, dann kommt es, wenn zwei Menschen sich begegnen, zu einer mehr oder weniger großen Schnittmenge. Es ist sehr unwahrscheinlich, dass sich die beiden Mengen komplett überlappen und dann zu *einer* Menge werden. Es entsteht eine Gesamtmenge, die aus drei Teilen besteht: der Schnittmenge der Gemeinsamkeiten und den zwei Individualmengen mit den jeweiligen Eigenheiten. Das heißt nichts anderes, als dass zwei (oder mehr) Menschen Bereiche miteinander teilen und andere wiederum nicht. Das sind die, über die man sich nicht einig ist. Die gilt es dann zu respektieren. Oder, wenn sich herausstellt, dass es zu viele unterschiedliche Bereiche gibt oder dass sie zu groß sind, dann beenden wir die gemeinsame Menge und suchen einen anderen Menschen, mit dem wir unsere Mengen teilen wollen.

Jeder lebt in seinem eigenen System, auf seiner eigenen Landkarte

Was heißt das? Jeder Mensch macht im Lauf seines Lebens eine Vielzahl von Erfahrungen – gute und schlechte –, die sein Leben prägen. Er entwickelt in der Konsequenz Gewohnheiten, um bestimmte schlechte Erfahrungen nicht mehr zu machen oder bestimmte andere schöne Situationen noch einmal zu erleben. Diese Gewohnheiten spiegeln sich auch im Verhalten und in der Art, wie Situationen durch die eigene »Brille« erlebt werden.

Für den einen ist eine Fahrt mit dem Riesenrad ein unvergessliches Erlebnis, für den anderen der blanke Horror, weil er vielleicht als Kind einmal die Treppe heruntergefallen ist. Oder ein Mann bringt einer Frau einen Tulpenstrauß zur Verabredung mit und sie bricht in Tränen aus, weil ihr holländischer Freund sich vor wenigen Monaten von ihr getrennt hat.

In der Praxis bedeutet das, dass die gleiche Situation von unterschiedlichen Menschen unterschiedlich erlebt werden kann. Daraus entstehen Missverständnisse, Konflikte, Streitereien und im Extremfall sogar Kriege. Jeder Mensch bewertet eine Situation aus seinem Muster heraus nach den Kriterien, die er im Lauf seines Lebens als sinnvoll erlernt hat. Manche dieser Erlebensstrategien waren zu dem Zeitpunkt, als sie entstanden sind, als Überlebensstrategien wichtig, haben aber in der Gegenwart eigentlich keine Gültigkeit mehr, weil die entsprechenden Anlässe fehlen. Und trotzdem funktionieren sie noch – weil sie sich als Gewohnheiten sozusagen im Verhalten zementiert haben.

Was bedeutet dies für Ihren Alltag oder wenn Sie Menschen für sich gewinnen wollen?

Als Erstes, dass es keine Wahrheit gibt, die jemand für sich beanspruchen kann. Sie kennen diese Situationen, zum Beispiel: »Immer muss ich mich kümmern, damit der Laden läuft!« »Du? Wieso denn du? Das stimmt doch gar nicht! *Ich* muss mich kümmern, sonst geschieht hier überhaupt nichts!«

Manchmal bekommt Martin von Weihnachtsmarktbesuchern Beschwerden zu hören: »Deine Maroni sind zu teuer!« Das nimmt Martin nicht persönlich, sondern er versucht – wenn der andere bereit dazu ist – seine Sicht der Dinge, seine Gründe für die Preise darzustellen. Dadurch werden sie zwar nicht billiger, aber vielleicht kann der Gesprächspartner erkennen, dass er selber zwar Gründe hat, die Maronen für zu teuer zu halten (vielleicht hat er wenig Geld zur Verfügung), dass der Preis aber auch seinen Grund hat. Am Ende schenkt Martin dem »Kritiker« oft ein Tütchen mit Maronen.

So viele Ausrufezeichen wie in dem oben zitierten Dialog stimmen mich regelmäßig misstrauisch. Da beharrt jemand auf seiner Sicht einer Situation. Dabei kann es doch nur zwei Versionen einer Situation geben, die man sich erzählt, vergleicht und später daraus schließt, was zu tun ist, damit beide Beteiligten zufrieden sind. Besonders in der Liebe ist dies wichtig – aber auch in allen anderen Kontexten, in denen wir uns mit Menschen auseinandersetzen müssen.

Die »objektive« Wahrheit liegt meist zwischen zwei Sichtweisen. Dies zu respektieren heißt anzuerkennen, dass nicht nur ich, sondern auch mein Gegenüber vor seinem Erfahrungshintergrund handelt.

Eine gute Möglichkeit, zum Ausdruck zu bringen, dass man die Wahrheit nicht »gepachtet hat« und dass es durchaus andere Sichtweisen außer der eigenen geben kann, ist es, in Ich-Botschaften zu kommunizieren. Das heißt, ich sage nicht mehr: »Das ist schlecht!«, sondern: »Ich finde das schlecht.« Das lässt meinem Gesprächspartner Freiraum und ermöglicht ihm, seine eigene Position einzunehmen, ohne meine »über den Haufen werfen« zu müssen.

Versuchen Sie zunächst in einer entspannten Gesprächssituation die Dinge, die Sie zu sagen haben, bewusst »subjektiv« zu formulieren und zeigen Sie dadurch, dass Sie auch gerne andere Sichtweisen zulassen und respektieren. Im nächsten Schritt versuchen Sie in einer kontroversen Diskussion dasselbe. Sie werden sehen, wie frei es macht, nicht recht haben zu müssen.

Verschiedene Landkarten

Jeder Mensch hat so etwas wie eine eigene innere Landkarte. Diese führt ihn durch das Leben. Alle Landkarten von allen Menschen sind unterschiedlich. Was ein Mensch für einen Berg hält, sieht der andere als einen Elefant, auf dem man reiten kann. Wir entwickeln also alle eine Art privates Modell von der Welt und wie wir uns darin fühlen. Manche sagen zu diesem Modell auch »Brille«. Das heißt, unsere Wahrnehmung ist gefiltert und wir nehmen immer nur einen Teil wahr, und zwar jeder seinen speziell ihm eigenen Teil. All diese Wahrnehmungen sind auf einer inneren Landkarte verzeichnet und werden immer wieder aktualisiert.

Behauptungen, die wir aufstellen, entstehen vor unserem biografischen Hintergrund, der geprägt ist von unseren Erfahrungen, die wir bisher in unserem Leben gemacht haben. Das heißt nichts anderes, als dass jeder in gewisser Weise seine eigene Sicht der Dinge hat und es keine (gemeinsame) Wahrheit gibt. Wenn ich das einmal begriffen habe, kann ich mit Dingen, die ein anderer mir sagt und die mich vielleicht verletzen, ganz anders umgehen. Sie sind vielleicht gar nicht so gemeint und bringen in erster Linie die Befindlichkeit meines Gegenübers zum Ausdruck. Ich muss dies also nicht persönlich nehmen, sondern bin sozusagen nur Zeuge einer Aussage, die zufällig an mich gerichtet ist, weil ich halt »gerade im Weg stand«.

Diese Sicht der Dinge ist gewöhnungsbedürftig und für Sie vielleicht neu, macht das Leben aber um vieles leichter. Ich kann Dinge bei meinem Gegenüber lassen, muss nicht jeden Schuh, den man mir hinstellt, anziehen. So komme ich viel weniger in den Zustand des Verletztseins und stelle eher Fragen, damit mir mein Gegenüber seine Landkarte erklärt. Wenn Sie verstehen, warum der andere in diesem Augenblick so handelt, wie er es tut, werden sich viele Konflikte lösen oder zumindest besser lösen lassen.

Je mehr ich in mir ruhe, umso mehr wird es mir gelingen, den anderen da zu lassen, wo er ist. Oder ihn von dort abzuholen, damit wir uns treffen können.

Es gibt Dinge, die uns Menschen trennen, und Dinge, die uns miteinander verbinden. Jeder Mensch besteht aus vielen Facetten, von denen wir einzelne gut finden und andere nicht mögen. Am besten beginnen Sie damit, die eigenen Facetten zu registrieren – und es gibt drei Wahrheiten: die eigene, die des anderen und die gemeinsame!

Werden Sie zum Architekten Ihrer Begegnungen

Sie können es ganz sicher in Ihrer Wohnung. Und wenn nicht da, dann vielleicht in Ihrem Büro, in Ihrer Praxis oder in Ihrem Auto, wenn Sie Autos lieben: Atmosphäre schaffen. Atmosphäre bedeutet, einem Raum seine ganz eigene Wirkung zu verleihen. Diese ist geprägt von dem, was der Raum mitbringt, und dem, was wir mitbringen. Der Raum und wir unterliegen bestimmten Bedingungen. Sie können ein Zimmer zum Beispiel nicht größer machen, als es ist, einen Laden nicht aus einem Hinterhof in die Fußgängerzone versetzen und auch in Bezug auf das Licht sind viele Räumlichkeiten erst einmal von äußeren Einflüssen abhängig. Aus manchen Räumen ist scheinbar nichts zu machen und andere laden zum Verweilen ein und lassen der Fantasie allen Raum, den sie braucht, um sich entfalten zu können. Innenarchitekten stürzen sich mit Begeisterung auf Räume, aus denen scheinbar nichts zu machen ist. Die sich sperrig geben und zugeknöpft. Die sich weigern, mit Farben und Leichtigkeit in Kontakt zu treten. Tapeten fallen ab, Lampen bleiben nicht hängen, aber die wirklichen Künstler unter den Innenarchitekten ermuntert das nur, noch mal etwas Neues auszuprobieren.

Nicht nur Räume sind offen oder zugeknöpft. Menschen sind es auch. Im Grunde müssen Sie bei jeder Begegnung die Lichtverhältnisse prüfen, die zwischen Ihnen und einem anderen Menschen bestehen. Ist er sperrig, will er Sie nicht ranlassen, zeigt er schon in den ersten Sekunden, dass er Ihre Hand nur notgedrungen drückt und Ihre verbale Ansprache nur widerwillig erwidern will?

Es gibt genug Menschen, die sich davon abschrecken lassen und sich wie eine Schnecke in ihr Schneckenhaus zurückziehen. Wenn er nicht will, dann will er eben nicht, denken sie sich, oder: Schade, ich komme an sie nicht ran, aber ehe ich mir eine Abfuhr hole, lasse ich es lieber bleiben.

Das Zugehen auf andere Menschen ist manchmal nicht leicht, denn im Gegensatz zu Martin haben Sie nicht immer etwas so offenbar Duftendes und Wohlschmeckendes, was Sie Ihrem Gegenüber anbieten können. Sie haben keinen qualmenden Bollerofen, der die Menschen verzaubert und anzieht. Sie sind hier im Nachteil. Oder etwa doch nicht?

Es stimmt, Kinder und Erwachsene laufen auf Martin zu, bleiben vor seinem Stand staunend stehen und kaufen sich kleine Tüten mit Maronen. Aber da sind noch viele andere Menschen, die an ihm vorbeigehen und deren Gesichter Martin sagen: »Wir wollen deine Maronen nicht. Lass uns bloß in Ruhe mit diesem albernen Gehabe und deinen teuren Dingern.«

Martin ist Verkäufer. Er kann sich nicht nur auf die verlassen, die immer wiederkommen und Maronen kaufen, er muss auch die für sich gewinnen, die keine wollen, die ihn übersehen, arrogant oder gelangweilt tun und die den Kontakt mit ihm vielleicht sogar ablehnen. Eben die Hinterhöfe, in die wir uns keine schmucken Ateliers hineindenken können. Auch für Martin sind diese Menschen eine reizvolle Herausforderung. Als würde er eine Frau erobern, versucht er mit ebendiesen Menschen in Kontakt zu treten, und sehr häufig verändert sich die Situation und das Interesse ist geweckt. Nur wenige Menschen sind nämlich so genervt und abweisend, wie sie vielleicht scheinen.

Viele Menschen bekommen ein mürrisches Gesicht, wenn sie in Gedanken versunken sind. Das ist unbeabsichtigt, und oft wissen diese Menschen gar nicht, dass sie so finster dreinschauen. Menschen mit verkniffenem Mund, Falten auf der Stirn und dunklem Blick denken sehr oft schlicht und einfach nach. Der Blick ist nach innen gekehrt, und wenn Sie ein guter Gedankenleser sind, erkennen Sie förmlich die Buchstaben wandernd auf der Stirn. Dieser Gesichtsausdruck hat dann nichts, aber wirklich gar nichts mit Ihnen zu tun. Diese Menschen sind nicht bei Ihnen, sondern in ihrem Inneren und brüten gedanklich über etwas nach. Das kann die Frage sein, warum Limburger Käse immer so grässlich stinkt, bis hin zu Überlegungen, ob man seine Liebsten nun endlich einmal mit dem Ausflug überraschen soll, den man ihnen schon so lange versprochen hat. Manche Menschen denken auch über die Arbeit nach oder sie kniffeln an einem persönlichen Problem. Der Möglichkeiten gibt es unendlich viele.

Aber was immer es auch ist, es hat nichts mit uns zu tun und muss uns auch nicht interessieren. Genau deswegen sollten wir abweisende Gesichter mit nach innen gekehrtem Blick auf keinen Fall persönlich auf uns beziehen. Eine Möglichkeit ist es, diese Menschen in angenehmer Lautstärke und freundlich anzusprechen, um dann zu erfahren, dass sich viele Gesichter aufhellen und diese Menschen nun ganz bei Ihnen sind. Falls doch nicht, wird die Welt sich trotzdem weiterdrehen und man hat nichts außer ein paar freundliche, unerwiderte Worte verloren. Also kein großer Verlust, kein großes Risiko!

Was Fantasie bewirkt

Zurück zu Räumen und Menschen: Um einen Raum zu gestalten, brauchen Sie Fantasie, damit Sie sich vorstellen können, wie er anders aussehen könnte, wenn Sie beginnen, ihn zu verändern und zu modellieren. Sie müssen ein Bild davon haben, wie dieser Raum einst sein könnte, auch wenn jetzt noch Mauern bröckeln und Glühbirnen an losen Kabeln von der Decke hängen. Sie wissen, jetzt braucht es Ihre Fantasie, Ihren Mut und Ihre Zeit. Manche Räume »ergeben« sich schnell und lassen sich auf ein Miteinander ein. Andere brauchen intensive Hinwendung und man muss öfter in ihnen arbeiten. Und dann gibt es auch wirklich Räume, da muss man aufgeben, weil vielleicht die Statik oder der Unterbau nicht stimmen.

Genauso ist es mit Menschen. Sie benötigen eine Idee, eine Vorstellung davon, wie sich der Kontakt mit Ihrem Gegenüber am besten gestalten lassen könnte. Sie brauchen ein inneres Bild, das Sie und ihn in der Situation lächelnd, angenähert oder sogar im Einklang zeigt. Wenn Sie nicht wissen, »wohin« Sie mit einem Menschen wollen, wird zwangsläufig das passieren, was sich der andere von der Begegnung vorstellt. Die Fantasie und der Wille des Gegenübers setzen sich dann durch.

Nun ist Begegnung kein Kampf, oder sollte zumindest keiner sein, und dennoch wage ich zu behaupten, dass es eine gewisse nach außen gerichtete Energie braucht, um einen Kontakt für sich zu gestalten. Atmosphäre schaffen bedeutet – um im Bild zu bleiben –, einer Situation eine Farbe zu geben, Tapeten, Licht, Barhocker oder ein kuscheliges Sofa. Sprich: Die Situation sollte für alle Beteiligten angenehm sein.

Malen Sie sich eine Begegnung, die glücken soll, im Vorfeld so aus, wie sie idealerweise stattfindet. Stellen Sie sich vor, wie Sie mit Ihrem Gegenüber lachen, eins sind und Verträge abschließen oder gemeinsame Lösungen finden. Stellen Sie sich diese Situationen farbig vor und malen Sie diese aus. Was gibt es zu sehen, zu hören, zu riechen? Und seien Sie neugierig, wie diese Begegnung dann verläuft. Sie werden sehen, dass viel von dem eintritt, was Sie sich vorgestellt haben.

Atmosphäre zu schaffen heißt, Sie werden Innenarchitekt oder -architektin dieser Begegnung. Es braucht Einfühlungsvermögen und ein paar gute Ideen, damit die Gestaltung in Ihrem Sinne erfolgt und angenehm wird. Und vom anderen als positiv erlebt wird. Sie machen Angebote und Vorschläge, auf die der andere eingehen oder die er mit Gegenvorschlägen erwidern kann.

Martin hat auf seinem Weihnachtsmarkt wenig Zeit, Menschen für sich zu gewinnen. Die Atmosphäre, die er schafft, muss schnell »funktionieren« und auf den anderen überspringen. Dafür hat er als Grundlage sein »Setting« mit dem Ofen und seinem Outfit. Viele Besucher flanieren vorbei, und das Gedränge ist zu groß, als dass jemand sich überlegt, wiederzukommen. Also entweder der Funke springt über – oder eben nicht. Martin bringt durch sein Verhalten und durch die Art, wie er den Leuten Worte zuwirft und »Sprüche klopft«, Spannung in die Begegnung. Die Menschen werden auf ihn aufmerksam, blicken zu ihm hin. Sie erwarten etwas, sind neugierig und dann knüpft er an die Reaktionen an und schon ist der Kontakt hergestellt und eine Tüte Maroni mehr verkauft. Wenn er merkt, dass ein Besucher auf sein Kontaktangebot nicht einsteigt, lässt er ihn in Ruhe weiterziehen. Er wird weder aufdringlich, noch macht er sich lustig, noch zeigt er ihnen eine lange Nase. Schließlich gibt es noch viele andere Besucher des Weihnachtsmarkts, denen seine Art besser liegt und die mehr Appetit auf Maronen haben.

Damit eine Atmosphäre für eine Begegnung entstehen kann, bedarf es auch des Respekts vor dem anderen. Will er mit mir in Kontakt treten oder nicht? Braucht er noch etwas Zeit? Muss er sich akklimatisieren und meine Betriebstemperatur erst einmal einschätzen und begreifen?

Viele gute atmosphärische Ansätze werden durch zu viel Druck und Aufdringlichkeit zerstört. Als Resultat erschrecken die anderen Menschen und wenden sich ab. Sie fühlen sich überfordert, nicht wahrgenommen und überrollt. Entwickeln Sie also feine Antennen dafür, welche Atmosphäre Ihr Gegenüber gerade braucht. Mag er es lieber laut oder leise? Sanft oder wird er gerne ein wenig gezogen? Will er die Führung übernehmen oder ist er froh, dass Sie so mutig und beherzt auf ihn zugehen?

Ein kleiner atmosphärischer Zauberkasten

Was können Sie atmosphärisch beachten, damit Begegnungen glücken und gelingen?

1. Erkennen Sie, ob der andere mit Ihnen in Kontakt treten möchte.
2. Schwingen Sie sich auf seine Verfassung ein.
3. Schenken Sie ihm ein Lächeln und einen offenen Blick.
4. Erkundigen Sie sich, wie es dem anderen geht – aber nur, wenn Sie auch ehrlich interessiert sind.
5. Sorgen Sie dafür, dass der äußere Rahmen zu Ihrem Gespräch passt.
6. Mischen Sie Fragen mit Erzählungen von sich selbst.
7. Überraschen Sie den anderen mit kleinen Anekdoten und Geschichten.
8. Beachten Sie den zeitlichen Rahmen.
9. Verabschieden Sie sich verbindlich.

Eine gute Atmosphäre für eine Begegnung oder ein Gespräch schaffen bedeutet, eine positive Grundstimmung zu erzeugen. Oder zumindest seinen Teil dazu beizutragen. Das können Komplimente sein, man kann aber auch sein Verständnis äußern oder seine Begeisterung für Dinge zeigen usw.

Erster Eindruck – bester Eindruck?

Woran erkennen Sie, dass ein Mensch gut mit anderen Menschen kann?

Nehmen wir einmal an, Sie befinden sich bei einem Fest oder Kongress. Sie sitzen bereits an Ihrem Platz, die Tür geht auf, ein Mensch kommt herein und Sie denken, ohne ein Wort mit ihm gewechselt zu haben: Wow, der ist interessant. Hoffentlich lernen wir uns kennen!

> Etwas muss im ersten Moment einer Begegnung passieren, damit wir in einem Bruchteil von Sekunden entscheiden, ob wir uns für einen Menschen interessieren oder nicht. Betrachtet man dieses Phänomen als Rezept für einen guten Kuchen, so muss es Zutaten dafür geben, die benennbar sind.

Man schaut sich diesen Menschen an und fragt sich nun nicht: Was hat er, das ich nicht habe?, sondern eher: Was hat er, was macht er, worauf reagiere ich, wenn er den Raum betritt? Irgendetwas hat uns in Bann gezogen, beeindruckt. Sie können für sich davon lernen, wenn Sie es herausfinden. Manchmal klappt das nicht im selben Augenblick, denn wir sind konzentriert oder müssen reagieren. Aber später, wenn Sie wieder allein sind, können Sie davon profitieren, dass ein anderer Mensch Ihre Aufmerksamkeit auf sich ziehen konnte. Was war es genau? Wie hat er Sie für sich gewonnen? Alles das, was wir benennen können, können wir reflektieren. Haben wir das auch oder wollen wir es noch lernen, nachholen oder uns aneignen?

Die Entscheidung liegt bei Ihnen, und dennoch gibt es einen kleinen Zauber, der mitwirkt: Was immer Sie lernen wollen, Sie müssen es für sich lernen wollen. Erst dann werden Sie andere Menschen für sich gewinnen. Lernen Sie einzig mit dem Ziel vor Augen, anderen Menschen zu gefallen und diese für sich zu gewinnen, wird dieser Zauber nicht entstehen. Es ist Magie im Spiel, wenn Menschen aufeinander aufmerksam werden.

Martin hat sich entschlossen, seine Rolle als Maroniverkäufer ganz klar anzunehmen. Sein Outfit, sein Verhalten und das, was er tut, bringen einen Aspekt seiner Persönlichkeit sehr deutlich zum Ausdruck. Er spielt dabei bewusst mit seinen Möglichkeiten, setzt seine Fantasie dafür ein, sich seine Rolle zu gestalten, sich einen Auftritt und ein Bühnenbild zu schaffen. Er lebt dabei seine Neugierde und seinen Spieltrieb aus.

Es ist wichtig, die Dinge, die wir tun, in erster Linie für uns zu tun. Das soll nicht heißen, dass ich Sie jetzt auf den Egotrip schicken möchte. Meine Freiheit hört immer da auf, wo die des anderen anfängt und wo ich anderen auf die Füße trete. Aber bis dahin möchte ich meine Freiheit nutzen und für mich tun, was ich tun kann.

Anderen zu Diensten zu sein, sich zu beugen, etwas zu tun, um zu gefallen, führt in den meisten Fällen dazu, dass Menschen sich abwenden oder die Situation ausnutzen. Weder das eine noch das andere sollte für Sie interessant sein, es sei denn, Sie verbinden damit ein sehr spezielles und höchst persönliches Vergnügen.

Rezept für den Erfolg gefällig?

Ich habe bei meiner Arbeit viel Gelegenheit, mit Menschen zu sprechen – Frauen wie Männer. Es sind Menschen aus meinem privaten Umfeld, aber auch Teilnehmer meiner Seminare. Ich stelle dann Fragen wie: »Woran merken Sie, dass ein Mensch Erfolg bei anderen hat?«, oder: »Was beobachten Sie an Menschen, die beliebt sind?«

Fast alle geben dieselben Eigenschaften an. Eine Person, die spontan als sympathisch erlebt wird,

- ruht in sich,
- ist mit ihrem Blick bei anderen,
- geht verbal auf andere ein,
- hat mehr Fragezeichen als Ausrufezeichensätze im Repertoire,
- erinnert sich an Gemeinsamkeiten,
- stellt Bezüge zu früheren Gesprächen her,
- ist gut (angemessen) gekleidet,
- ist authentisch,
- strahlt Vertrauenswürdigkeit aus,
- gibt das Gefühl, angenommen und respektiert zu sein,
- vermittelt den Eindruck, dass sie gerne mit anderen Menschen inklusive sich selbst zusammen ist.

Es wird also Interesse am anderen ausgestrahlt. Wie Martin nur dann Maroni verkaufen kann, wenn er mit anderen Menschen in Kontakt tritt. Sendet er diese Botschaft nicht nach außen, so bleibt er auf seinen Maroni sitzen, denn niemand kauft gerne etwas von jemand, der nicht mit ganzem Herzen bei seiner Arbeit und bei den Menschen ist, mit denen er zu tun hat.

Was aber für den Verkauf gilt, gilt auch für Sie. Schließlich sind Sie das Produkt, für das Sie in der Welt die Vertretung übernommen haben. Ergo müssen auch Sie in Kontakt treten, wollen Sie einen guten Eindruck bei anderen Menschen hinterlassen oder diese für sich gewinnen. Nur was oder wer sind Sie denn genau? Was gibt es zu zeigen, den anderen Menschen zu verkaufen?

Martin weiß, warum und wie er auffallen und auf Menschen wirken möchte. Er hat das schönste Lächeln und den schönsten Stand auf dem Weihnachtsmarkt, davon ist er überzeugt. Die Besucher des Marktes kommen zu ihm, genießen die Situation, kaufen bei ihm Maronen und werden dadurch Teil der Situation. Seine Maronen sind vermutlich nicht besser oder schlechter als die an anderen Ständen, aber durch sein Auftreten macht er seine Maroni zu einem Erlebnis.

So wie Martins Maronen ist auch Ihr Verhalten nicht besser und nicht schlechter als das von Tausenden anderer Menschen. Alle Menschen haben ihre Qualitäten und ihre Defizite. Martin weiß genau, dass er an etwas von sich glauben muss, dass er von sich (oder einem Teilbereich) überzeugt sein muss, damit andere etwas von ihm halten können. Um damit einen schwierigen Sachverhalt ganz einfach auszudrücken: Wenn ich nichts von mir halte, kann ich auch andere nicht von mir überzeugen!

Was ist Ihr USP?

Wenn Sie geschätzt, geliebt oder gemocht werden wollen, müssen Sie wissen, warum. Und zwar so ziemlich als Erstes. Noch nie darüber Gedanken gemacht? Dann wird es höchste Zeit. Im Sinne der Selbst-PR sollten Sie viele gute Gründe kennen, die es für andere attraktiv macht, mit Ihnen in Kontakt zu sein oder Ihr Kontaktangebot tatsächlich anzunehmen. Je nach Personenkreis können diese Gründe differieren. Sie können schlau, witzig, angenehm oder keck sein. Oder Praktiker, Schnelldenker, guter Sänger oder großer Redner. Der Fantasie sind da keine Grenzen gesetzt. Denn einerseits suchen wir bei anderen Ähnlichkeiten, andererseits reagieren wir doch ganz schnell und positiv auch auf das, was uns voneinander unterscheidet. Oft ist es das Spiel zwischen Ähnlichkeit und Verbindung sowie Fremdheit und Trennendem, was den Reiz ausmacht, einen anderen Menschen näher kennenzulernen.

Im Marketing spricht man gerne vom Alleinstellungsmerkmal »USP« (unique selling proposition). Nun gibt es natürlich kein USP des ersten Augenblicks, aber selbst der einfachste Schokoriegel im Supermarktregal muss im ersten Moment, auf den ersten Blick einen Kaufanreiz auslösen. Nur in den seltensten Fällen greifen wir in ein Regal, um wortreiche Beschreibungen über ein Produkt zu lesen. Der Impuls zum Kauf muss schnell gesendet werden. Wie an der Bar. Lässt man sich von seinem Barhocker-Nachbarn zu einem Glas einladen oder lieber nicht?

Machen Sie eine Liste mit allen Teilaspekten Ihrer Persönlichkeit, die Ihnen einfallen. Geben Sie den einzelnen Aspekten Rollennamen und -beschreibungen wie »Der Eroberer«, »Die Prinzessin«, »Der Weltentdecker«, »Der Frechdachs« usw.

Das Besondere an mir

Bei manchen ist es die besondere Krawatte oder das besondere Auto. Es kann alles Mögliche sein. Von der Macke bis hin zum tiefen Blick aus Ihren Augen. Nur Worte zählen in diesem Moment des ersten Eindrucks nicht. Die kommen später, dann, wenn wir den Raum betreten haben und Gelegenheit besteht, uns durch Wort und Tat »auszubreiten«. Bis dahin werden sich die Anwesenden von uns bereits ein erstes Bild gemacht haben. Verschiedene Untersuchungen ergeben da unterschiedliche Ergebnisse. Man geht von 7 bis 20 Prozent aus, die Worte bei einer ersten Begegnung ausmachen. Das ist nicht viel. Grund genug, sie erst einmal zu vernachlässigen und uns dem zuzuwenden, was nonverbal vermittelt wird und zu 80 bis 93 Prozent den ersten Eindruck prägt. Wie wäre es also mit ein paar Gedanken über sich selbst?

Stellen Sie sich vor, Sie sind auf einer Party und sehen sich nun selbst den Raum betreten. Wie ist Ihr erster Eindruck von Ihrer eigenen Person? Was fällt Ihnen an Ihnen selber auf? Womit würden Sie sich selbst beeindrucken?
Machen Sie eine kleine Liste, was Ihnen an sich selbst gefällt. Solche Listen sind nie vollständig, sondern wachsen und verändern sich mit der Zeit. Denken Sie immer mal wieder darüber nach und bleiben Sie über sich auf dem Laufenden. Je mehr Sie an sich selbst schätzen und mögen, desto mehr Selbstsicherheit strahlen Sie auch auf andere Menschen aus, denn Sie sind sich dann Ihrer selbst sicher.

Selbstsicherheit zählt übrigens zu den Merkmalen, die als Erstes genannt werden, wenn es darum geht zu beschreiben, wie ein Mensch auf andere Menschen wirkt. Der Umgang mit selbstsicheren Menschen macht uns frei. Wir müssen nicht darüber nachdenken, was der andere jetzt wohl brauchen könnte oder wollen würde, sondern wir können darauf vertrauen, dass er schon selber für sich sorgt.

Natürlich gibt es auch das Phänomen der eitlen Selbstliebe – das meine ich nicht mit Selbstsicherheit. Das sind dann oft ganz »kleine Hasen«, die sich hinter einem Schutzschild von »Toller Hecht« verbergen. Sie wollen überzeugend, sympathisch, kompetent oder großzügig erscheinen, ohne es wirklich zu sein. Es kostet viel Kraft, eine solche Fassade aufrechtzuerhalten. Die ist besser investiert, wenn man sie darauf verwendet, sich und seine Persönlichkeit weiterzuentwickeln, sodass es nicht mehr nötig ist, eine Plakatwand von sich selbst vor sich herzutragen. Zweifellos zählt diese Art von »Selbstliebe« nicht zu den Eigenschaften, die von Menschen als angenehm wahrgenommen werden. Männer wie Frauen blitzen aufgrund von Eitelkeit häufig bei anderen Menschen ab. Sie werden als unnahbar, überzogen, unecht und fragwürdig empfunden.

Vielleicht gibt es eine Ausnahme: Wenn Sie es schaffen, Ihre Eitelkeit in eine Marke zu verwandeln, wie man es beispielsweise von Karl Lagerfeld, Milva oder auch auf ihre Art von Nina Hagen kennt, verwandelt sich die Abneigung vielleicht in Neugier und Sensationslust, die dann Motivation wird, sich solchen Menschen anzunähern. Aber wirkliche Sympathie-Blumentöpfe sind damit schwer zu gewinnen, und mir erscheint es als höchst zweifelhaft, dass man dann als Mensch und nicht als Type wahrgenommen wird. Meist wird etwas Außergewöhnliches gewittert, etwas Spektakuläres, das gleich passiert, ähnlich wie eine Schlagzeile in der »Bild«. Es ist für die Umstehenden ein Gefühl von Blitzlicht und »dabei sein«. Gefühle wie Vertrauen und Wohlwollen sind dabei nicht im Spiel. Solche Menschen werden häufig konsumiert, ein echter Kontakt ist nur schwer möglich. Spannung und manchmal auch ein bisschen Schadenfreude dominieren das Geschehen. Das ist aber alles nicht Thema dieses Buches.

In sich ruhen

Die Ruhe von »in sich ruhen« sollte man nicht mit Schweigen verwechseln. Obwohl wir in Deutschland das Sprichwort »Stille Wasser sind tief« kennen, zeigt die Realität doch eher, dass es oft sehr mühsam ist, mit diesen Menschen in Kontakt zu treten. Was mühsam ist, das vermeiden Menschen lieber, besonders dann, wenn sie die Wahl haben. Auf Partys sitzen diese verschwiegenen Wasser dann in der Ecke und sind auf merkwürdige Weise fast lästig. Man weiß nicht, was sie denken, wollen und ob sie überhaupt gerne auf der Feier sind. Warum ist er dann überhaupt da, fragt man sich, wenn er mit niemand reden will. Der Eindruck, dass da jemand als »Drübersteher« auf die Situation herunterschaut (und damit auf mich als Beteiligten!), ist keine gute Basis, um mich zu animieren, auf diese Person zuzugehen. Menschen wollen anderen Menschen auf der gleichen Ebene begegnen, auf der sie sich befinden.

Solche »stillen Typen« werden oft als Energiefresser erlebt, denn sie vermitteln einem das Gefühl, dass man sich um sie kümmern, dass man sie hofieren muss. Zuweilen können sie auch geheimnisvoll wirken. Doch nicht jeder hat Lust, sich die Mühe zu machen, Geheimnisse zu lüften. Solche Menschen zählen also meist nicht zu denen, zu denen man sich spontan hingezogen fühlt, weil sie aus den Fenstern ihrer Seele winken und einem das Gefühl vermitteln, willkommen für ein Gespräch zu sein.

Mit »in sich ruhen« ist noch etwas ganz anderes gemeint. Es bezieht sich auf die wunderbare Gabe, das Leben und sich anzunehmen, so, wie es eben ist. Erinnern Sie sich an die Liste Ihrer persönlichen Lieblingseigenschaften? Das Leben hat Ihnen diese Gaben geschenkt, Sie haben sie angenommen und können sich nun darüber freuen.

Jeder Mensch ist etwas Besonderes und hat seine Qualitäten und Defizite. Je mehr wir uns dessen bewusst sind, desto selbst-bewusster können wir im Kontakt mit anderen Menschen auftreten und der erste Eindruck wird der beste Eindruck!

Gespräche: Führen und geführt werden

Fast möchte man es nicht glauben. Etwa ab unserem zweiten Lebensjahr beginnen wir zu brabbeln, beginnt Sprache für uns eine Rolle zu spielen, und wir fangen das an, was man im weitläufigen Sinn »Gespräch« nennen könnte. Spätestens im Kindergarten bekommen wir es mit in Worte gegossenen Beziehungsthemen zu tun: »Tobias kann mich nicht mehr leiden!«, »Clarissa will nicht mehr meine beste Freundin sein!« Und natürlich: »Keiner mag mich und niemand will mit mir spielen.«

Wir sind den Umgang mit Worten alle schon ziemlich lange gewohnt und genauso lange kommen wir in die pikante Situation, mit Menschen zusammenzutreffen,

- die wir nicht kennen,
- von denen wir etwas möchten,
- die uns mögen sollen,
- die erwartungsvoll auf uns wirken.

Zu diesen Menschen wollen wir in irgendeiner Form einen Draht aufbauen. Da wir Menschen sind, gelingt den meisten von uns dies über die Form des Gesprächs. Sie können natürlich auch singen und tanzen, nachdem Sie sich in einer überdimensionalen Buttercremetorte in einen voll besetzten Raum haben fahren lassen. Oder Sie fallen einfach um. Oder Sie beginnen mit einem Messer herumzufuchteln. Oder ... oder ... oder. All das verschafft Ihnen Aufmerksamkeit, zweifellos. Aber Kontakt werden Sie höchstwahrscheinlich keinen bekommen, zumindest nicht, wie Sie sich ihn vielleicht wünschen. Und genau um den geht es ja in diesem Buch: wie man Menschen in angenehmer Weise so auf sich aufmerksam macht, dass sie sich uns zuwenden, uns zuhören und nicht nur mit offenem Mund Bauklötze staunen (und viele Menschen täten das, würde ich unvermittelt aus einer Torte springen – garantiert!).

Wir können es, wir üben es, wir haben damit Glück und manchmal erschaffen wir dadurch größere Probleme: die Rede ist vom Gespräch. Oder der Konversation, wie manche etwas altmodisch sagen. Oder noch ein wenig antiquierter: der gepflegten Konversation.

Früher galt man als Dame oder Mann von Welt, wenn man diese Kunst beherrschte. Es liegt mir fern, Sie zu ermuntern, überkommene Gewohnheiten des 19. Jahrhunderts wieder aufzunehmen, aber einiges davon können wir uns genauer anschauen und vielleicht daraus für die Gegenwart lernen. Gepflegte Konversation war nämlich mehr, als einfach draufloszuplaudern. Sie war ein Gespräch mit wahrhaftiger Intention. Und diese Bedingung sollte eine Konversation auch heute noch erfüllen. Wenn Sie die Konversation mit einem Menschen suchen, planen Sie dies ein Minimum im Voraus. Nicht nur inhaltlich, sondern auch in Bezug auf die Zeit. Doch bevor es so weit kommt, müssen Sie das Gespräch erst einmal knüpfen.

Wann und wie unterhält man sich?

Erst einmal kommt es darauf an, wohin Sie gehen. Die Unterhaltung in der Gesellschaft richtet sich nach dem Zweck, dem Ort und auch nach den Menschen, die Sie in diesem Kontext antreffen. In der Regel weiß man, was einen erwartet, denn Sie werden wohl kaum auf irgendeine Veranstaltung gehen, ohne wenigstens eine Ahnung zu haben, wer und was Sie dort erwartet. Die Themen richten sich nach diesen Bedingungen. Ein Pferderennen bietet andere Themen als eine Karnevalssitzung. Genau in dieser Vorhersehbarkeit steckt Ihre große Chance.

In den 60er- und 70er-Jahren des 20. Jahrhunderts war es durchaus üblich, nicht nur darüber nachzudenken, wie der Dresscode ist, welches Kleid man trägt, ob Fliege oder Krawatte angesagt ist, sondern auch im Vorfeld darüber nachzudenken, *worüber* man mit anderen Menschen sprechen wollte.
Die Vorbereitung in Form einer kleinen Themensammlung hat den praktischen Nebeneffekt, dass man sich sukzessive auf den Anlass und die Menschen, die man treffen wird, einstimmt. Es ist wie ein Warmlaufen vorab mit dem positiven Effekt, dass das Knüpfen von Gesprächen später einfacher und leichter gelingt.

Wenn Sie die Menschen nicht kennen, auf die Sie treffen, dann gesellen Sie sich vielleicht zunächst zu einer kleinen Gruppe. Das hilft Ihnen, mit der Situation vertrauter zu werden und aufzuhören zu »fremdeln«. Meist sind ja zu solchen Gelegenheiten Stehtische arrangiert. Gesellen Sie sich zu einer solchen Gruppe und versuchen Sie vielleicht erst Blickkontakt aufzunehmen, ohne sich aufzudrängen. Dann sollten Sie erst einmal zuhören, was der Gegenstand der Unterhaltung ist. Irgendeine Öse wird sich ergeben, in der Ihr Gesprächshaken passt. Passen Sie sich der Unterhaltung langsam an (wenn Sie ein homöopathisches Mittel wären, würde ich sagen: »Schleichen Sie sich ein«), indem Sie

- Blickkontakt suchen,
- sich nach einem speziellen Programmpunkt erkundigen,
- Bezug auf den Anlass des Treffens nehmen,
- sich nach einem Gast erkundigen, den Sie vom Namen, aber nicht vom Gesicht her kennen.

Alles ist dienlich, Hauptsache, Sie stehen nicht verloren am Rand und nippen an Ihrem Glas. Es wird vermutlich niemand kommen, um Ihnen Trost zu spenden oder Sie zu erlösen! Sinn und Zweck eines solchen Besuches ist es nicht, sich aus purer Hilflosigkeit kostenfrei mit Kanapees vollzustopfen, sondern mit Menschen ins Gespräch zu kommen. Es gibt mindestens einen Grund, dass Sie hier sind, den Sie mit den anderen Anwesenden teilen.

Eine gute Möglichkeit, mit anderen ins Gespräch zu kommen, besteht darin, sich etwas erklären oder sich weiterhelfen zu lassen. Man erscheint dadurch weder dumm noch dämlich, wenn man etwas fragt, sondern gibt seinem Gegenüber die Gelegenheit, hilfsbereit zu sein. Sie öffnen durch eine Frage die Tür zum Gespräch, brechen das Eis und haben dann die Möglichkeit, das begonnene Gespräch weiterzuführen,

- indem Sie etwas von sich erzählen,
- sich interessiert nach Ihrem Gegenüber erkundigen,
- dezent Ihre Meinung zu dem vielleicht gehaltenen Vortrag äußern,
- fragen, welche Beweggründe Ihr Gegenüber zu dieser Veranstaltung geführt haben,
- fragen, was ihm oder ihr bei diesem Treffen besonders gefällt,
- fragen, ob Ihr Gegenüber weitere Gäste kennt.

Ein Gespräch glückt dann, wenn sich Fragen und Antworten mischen. Schneiden Sie nicht sofort ein neues Thema an, wenn Sie zu einer Gruppe dazustoßen und halten Sie keine Gegenreden. Auch sofort von sich zu erzählen, sollten Sie nur in Maßen verfolgen. Nichts ist für einen Gesprächseinstieg ungünstiger, als wenn Sie den Mund öffnen, um von sich zu erzählen, und ihn erst nach 30 Minuten wieder schließen. Die goldene Regel ist auch hier: Benutzen Sie mehr Frage- als Ausrufezeichen. Wenn es Ihnen darum geht, Menschen für sich zu gewinnen, ist der einfachste Weg der, diesen Menschen das Gefühl zu geben, dass sie für Sie einen Wert haben. Dieses Gefühl vermittelt sich nicht, wenn Sie ungefragt von sich erzählen oder bei Antworten auf Fragen zu weit ausholen. Es gibt Menschen, die können sehr lange Anekdoten aus ihrem Leben erzählen, um dann nach einer langen Weile (und Langeweile für die Zuhörer) zu sagen: »Ja, das war sehr nett bei Ihnen. Danke für die freundliche Aufnahme, aber ich will nun noch ein wenig herumgehen und schauen, ob ich jemand kenne.« Na, vielen Dank, so macht man sich die besten Freunde. Keine Frage, kein Interesse, keine positiven Bemerkungen ... sehr charmant! Danke, dass Sie weitergezogen sind!

Eine Unterhaltung dauert etwa so lange, wie sie im Fluss ist oder Sie das Gefühl haben, der andere möchte Ihnen noch etwas zu Ende erzählen. Es ist unhöflich, ihn jetzt zu unterbrechen. Ist das nicht zu vermeiden und Sie wollen bei Ihrem Gesprächspartner – aus welchem Grund auch immer – in guter Erinnerung bleiben, bleibt Ihnen nichts anderes übrig, als entschuldigend zu sagen: »Ich möchte nicht unhöflich sein, aber ich muss Sie leider kurz unterbrechen ...« Finden Sie einen nachvollziehbaren Grund, der Ihnen erlaubt, sich aus der Gruppe oder vom Einzelnen wieder zu entfernen. (Wären Sie ein homöopathisches Medikament, würde ich sagen: »Schleichen Sie sich wieder aus.«)

Was, wenn der andere Blödsinn redet?

Das kommt vor. Meinen Sie, Martin hat es immer nur mit Intelligenzbestien zu tun? Oder andere Menschen im Verkauf? Gut möglich, dass Ihnen Menschen begegnen, bei denen Sie denken: »Oje, das halte ich nicht aus!« Aber wenn Sie diese Menschen für sich gewinnen möchten, rate ich Ihnen, das Gespräch nicht nur auszuhalten, sondern zusätzlich einen Gefallen an der Situation zu entwickeln.

Kann sein, dass Sie das anfänglich ein wenig herausfordert. Schließlich sind es ja gerade solche Situationen, in denen wir uns am liebsten die Ohren zuhalten würden. Nun sollen Sie auch noch neugierig bleiben und nicht nur Interesse heucheln, sondern sogar wirkliches Interesse entwickeln?

Genau! Geheucheltes Interesse vermittelt sich sofort (das spüren besonders Frauen schon nach ein oder zwei Sekunden) und löst Abwehr und Abneigung aus. Wenn man aber Menschen interessiert zuhört und sie beobachtet, dann findet man meistens etwas, das freundlich, angenehm oder sogar liebenswert ist. Sehen Sie es ggf. wie ein Theaterstück mit einer skurrilen Einlage. Auch Schauspieler lieben nicht immer die Menschen, die sie küssen. (Und das erscheint mir schon als eine sehr weit fortgeschrittene Form der Kommunikation.) Der Schauspieler Walter Sittler rät in solchen Fällen: »Sie müssen sich in etwas an Ihrem Gegenüber verlieben, und sei es nur das Ohrläppchen.« Die wahre Liebe tendiert hier sogar häufig gegen null. Also, was könnte Ihnen an Ihrem Gegenüber gefallen, das es wert ist, dass Sie ihm gerne Ihre Zeit schenken und zuhören? Oder: Was könnte Sie berühren?

Versuchen Sie in einer unverfänglichen Situation, einem Ihnen vielleicht wenig sympathischen Menschen etwas abzugewinnen. Suchen Sie sich einen Aspekt seiner Persönlichkeit, seines Aussehens oder seines Auftretens heraus, zu dem Sie vielleicht einen besonderen Zugang haben und der sie in irgendeiner Weise positiv berührt.

Auf welchem Niveau wird gesprochen?

Wir kennen es von Ärzten oder anderen Spezialisten, dass sie oft genug an ihren Patienten in lateinischen Fachtermini vorbeireden. Wenn Sie an einem anderen Menschen interessiert sind, sollten Sie sich unbedingt seinem Niveau anpassen, wenn es »niedriger« als Ihr eigenes ist. (Und wenn es höher ist, zum Ausdruck bringen, dass Sie ihn nicht verstehen und nachfragen.) Ich sage bewusst *anpassen* und nicht »darauf einlassen«. Sie dürfen auf jeden Fall Ihren eigenen Stil behalten, aber geben Sie Ihrem Gegenüber die Chance, Ihnen folgen zu können und Freude dabei zu empfinden. Nichts ist schlimmer, als wenn man seinem Gegenüber das Gefühl vermittelt, wie ein Müllkutscher auf einem Philosophenkongress herumzulaufen. Sie zeigen Charme und Anstand, wenn Sie ein Gesprächsparkett wählen, auf dem Sie beide tanzen können und nicht einer brilliert und der andere stolpert. Menschen spüren das und danken es dem anderen sehr.

Sie möchten etwas verkaufen?

Wenn der andere noch nicht weiß, ob er kaufen will und Sie nicht gerade Verkäufer in einem Autohaus sind (dort ist es klar, dass über Autos gesprochen wird), dann zeigen Sie nicht, dass die Unterhaltung nur den Sinn und Zweck hat, etwas »an den Mann zu bringen«. Nur schlechte Verkäufer steigen sofort mit dem Verkaufsobjekt ein. Legen Sie einen Teppich, auf dem sie mit Ihrem Gegenüber vertrauensvoll zum Thema wandeln können.

Martin nimmt oft erst einmal Bezug auf etwas, was er gerade sieht oder an seinem Gegenüber beobachtet, um ein unverfängliches Gespräch zu beginnen. Er schafft damit eine gemeinsame Basis, auf der der Verkauf dann ggf. stattfinden kann.

Wie steht es mit Witzen?

Wer Menschen zum Lachen bringen kann, hat einen Bonus. Jeder mag Menschen, die heiter sind und sprachgewandt. In einer Unterhaltung geht es aber um mehr. Noch immer, ob es einem gefällt oder nicht. Würde mich jemand bitten, dazu eine Formel zu entwickeln, würde sie so aussehen:

> Gute Unterhaltung = Fragen + Antworten + Amüsantes

Wie Sie sehen, benutze ich nicht das Wort »Witz«, obwohl es tatsächlich Menschen gibt, die genau mit diesen versuchen, sich ihrem Gegenüber anzunähern. Das kann »nach hinten losgehen«: Manche Witze sind geradezu prädestiniert, anderen Menschen geballt auf die Nerven zu gehen. Besonders wenn daraus – nach dem Motto »Einmal gelacht, immer gelacht« – eine Serie wird. Ein Beispiel dafür ist der jüdische Witz. Immer kommt noch einer nach, und zu allem Überfluss steht man als Zuhörer permanent unter Strom, weil gerade in jüdischen Witzen immer auch ein Stück Weisheit steckt und es etwas zu lernen und zu begreifen gibt.

Meine Empfehlung: Erzählen Sie gar keinen Witz und auch keine heitere buddhistische Geschichte oder Weisheit der Sufis. Erzählen Sie lieber etwas Heiteres von sich. Dann leisten Sie einen amüsanten Beitrag und bringen sich gleichzeitig mit Ihrer Person in die Situation ein. Auch solche Geschichten lassen sich prima vorher zurechtlegen. Im Grunde sollte man solch kleine Anekdoten aus seinem Leben immer griffbereit im Handschuhfach seines Kopfes haben.

Kunst, Musik, kulturelle Ereignisse, all dies können für Sie Gelegenheiten sein, ein schönes Gespräch zu beginnen, wenn sich ein Aufhänger dafür ergibt und mit der Situation oder Ihrem Gegenüber zu tun hat. Doch nur so lange, wie Sie echt und wach dabei sind. Es ist nicht zu vertuschen und nicht zu verheimlichen, wenn Sie sich während eines Gesprächs im Raum umsehen oder nachdenken, ob Sie noch mal vom Lachs essen oder lieber gleich zum Nachtisch wechseln wollen. Egal wie leicht oder intensiv das Gespräch auch ist, seien Sie mit Ihrer Aufmerksamkeit voll dabei.

Ganz bei einem Gespräch zu sein bedeutet, die inneren Monologe zu unterbrechen und sich nur im Außen, mit dem Gegenüber zu unterhalten. Wenn Sie sich auf innere Monologe und Gedankengänge einlassen, heißt das, dass ein Großteil Ihrer Konzentration bei Ihnen ist und nicht bei dem Menschen, der vor Ihnen steht. Wir übersehen und überhören dann schnell etwas, was für diesen Kontakt sehr wichtig ist. Je besser Sie vorbereitet sind, desto entspannter können Sie sein, denn Sie haben dann mehrere Gesprächsmöglichkeiten auf Lager und kommen in der Situation selbst nicht ins »Rudern«.

Gespräche sind wunderbare Gelegenheiten, einen Eindruck zu hinterlassen und ein Band zu knüpfen. Es handelt sich dabei in den wenigsten Fällen um Vorstellungsgespräche und Sie müssen sich auch ansonsten nicht beweisen. Eine souveräne Gesprächsführung verleiht Ihnen eine Aura von Ruhe und Konzentration und Sie beweisen sich von selbst. Sie stehen dann für sich ein und sind gleichzeitig bereit, sich auf den anderen einzulassen. Floskeln und Nebensächlichkeiten können durchaus wunderbare »Opener« sein. Scheuen Sie sich nicht, auf das Wetter Bezug zu nehmen, wenn dies nicht alles ist, was Sie »auf dem Kasten« haben. Ihr Gegenüber wird erfreut sein, wenn Sie das Gespräch geschickt in eine Richtung bringen, die einen Genuss, in welcher Form auch immer, darstellt. Das kann ein kleiner Tanz rund um eine Sache sein oder ein Bezug, den Sie herstellen. Lassen Sie aber auf jeden Fall die Möglichkeit zu, dass dieser Mensch sich auch noch anderen zuwenden kann.

Bei der Verabschiedung ist es für Sie möglich, ein neues Anknüpfen des Kontaktes schon einmal vorzubereiten und anzusprechen. »Ich kann Ihnen die kleine Geschichte, Adresse usw. mailen, wenn Sie wollen.« »Ich habe den Namen gerade nicht parat und gebe Ihnen die Daten gerne telefonisch durch die Tage.« »Gerne sende ich Ihnen eine Einladung zu ...« Es gibt viele Möglichkeiten, bei einem Gespräch Fäden in die Zukunft zu spinnen, an denen man dann anknüpfen kann. Diese Tatsache kann auch dafür sorgen, dass man bei einer Gesprächssituation weniger unter Druck kommt, weil man ja nicht alles hier und jetzt »eintüten« muss.

Eine positive Grundstimmung ist vielleicht eine der wichtigsten Zutaten für eine gelungene Kontaktaufnahme. Dazu gehört es unbedingt, dass man auch dem schwierigsten Gesprächspartner noch eine positive Seite abgewinnen kann. Das können kleine Teilaspekte dieser Person oder auch amüsante Marotten sein. Unangenehme Teile einer Begegnung lassen sich besser ertragen, wenn man sich bewusst ist, dass man allemal einen Gewinn daraus ziehen kann. Im schlimmsten Fall ist die Unannehmlichkeit der Preis, den Sie dafür zahlen müssen, dass Sie Ihrem Ziel näher gekommen sind.

Original oder Fälschung? – Nur echtes Interesse zählt

Wenn es darum geht, auf andere Menschen angenehm zu wirken, mit ihnen Freundschaft zu schließen oder eine Geschäftspartnerschaft dauerhaft zu festigen, ist wirkliches Interesse unerlässlich. Lauwarme Gespräche, falsches Interesse, gespieltes Zuhören sind für andere Menschen sofort spürbar und verwandeln Offenheit in Distanz und Abneigung. Echtes Interesse beinhaltet den Wunsch, sein Gegenüber wenigstens zu einem Funken sympathisch zu finden, ihn zu akzeptieren, vielleicht sogar zu mögen, aber auf jeden Fall zu respektieren.

Es ist zum Beispiel Aufgabe eines Arztes, alle Menschen mit der gleichen Fürsorge zu behandeln, selbst wenn sie ihm unfreundlich oder gar unverschämt gegenübertreten. Dafür braucht es Interesse! Als Verkäufer möchten Sie einem möglichen Kunden etwas verkaufen, und wenn dies geschehen ist, sehen Sie sich erst wieder, wenn der nächste Kauf getätigt werden soll. Wenn Sie ein guter Verkäufer sind, streben Sie das auch an. Sie möchten dann in »interessiertem« Kontakt bleiben. Darüber wäre es natürlich schön, wenn diese Begegnung für Sie nicht nur ein ungewolltes Muss wäre, sondern auch ein bisschen Freude mit sich brächte.

Wenn wir wieder auf den Weihnachtsmarkt blicken, dann ist es dort nicht anders: Die verschiedensten Menschen schlendern an den Buden vorbei. Alte, junge, reiche, arme, freundliche, unfreundliche, genervte, beglückte, zuversichtliche, traurige Menschen, die es gewohnt sind, mit anderen in Kontakt zu treten, und auch solche, die nur ganz selten das Haus verlassen. Wenn Martin mit ihnen in Kontakt kommen und seine Maroni verkaufen will, muss er echtes Interesse an ihnen haben – und sei es nur für einen winzigen Aspekt. Für ihn ist das eine leichte Übung, weil er eine angeborene Neugier für Menschen hat.

Ich habe Ihnen vom Schauspieler Walter Sittler erzählt, der davon berichtete, dass man sich bei Filmaufnahmen zum Beispiel zumindest in das Ohrläppchen seiner Filmpartnerin verlieben muss, um überzeugend spielen zu können. Walter Sittler verkauft nicht wie Martin nur Maronen, er muss bei seiner Arbeit auch noch einen verliebten Blick haben. Und der kommt ganz sicher nicht von allein. Haben Sie schon einmal versucht, »verliebt« zu blicken? Mit einer Person zu flirten, an der Ihnen gar nichts liegt? Es geht nicht! Wir können tiefe Gefühle nicht vortäuschen. Es klappt nicht einmal bei angenehmen. Entweder Sie spüren es, dann vermittelt sich dieses Gefühl auch nonverbal und Sie strahlen es aus, oder Sie fühlen es nicht.

Wenn auf zwei unterschiedlichen Ebenen wie zum Beispiel der Sprache und der Mimik zwei unterschiedliche, vielleicht sich widersprechende Signale gesendet werden, nennt man dies »Doppelbotschaft«. Zum Beispiel, wenn jemand mit ernstem Gesicht sagt: »Ich finde es toll hier.« Oder mit verschränkten Armen: »Kommen Sie gerne wieder auf mich zu!«

Doppelbotschaften bewirken, dass unser Gegenüber sofort spürt, dass wir in eine Rolle geschlüpft sind, und als Folge wendet er sich innerlich oder äußerlich ab. Denn wie an früherer Stelle schon erwähnt, stehen Echtheit und Natürlichkeit in der Attraktivitätsliste ganz oben. Menschen lieben Menschen, die unverstellt sind. Wenn Sie im unpassenden Moment aber Augen wie ein »verliebter Gockel« machen, sind Sie alles andere als echt und Ihre natürliche Ausstrahlung bewegt sich auf der Glaubwürdigkeitsskala gegen null.

Zuneigung ist herstellbar

Das klingt nun fast nach einem Rezept. Als gäbe es da ein paar Zutaten und schon könnte sich die Liebe oder Anziehung einstellen. So einfach ist es leider nicht. Doch offenbar ist es doch irgendwie möglich, denn viele Menschen, die sich zum Beispiel durch eine Kontaktanzeige kennenlernen, sind erst einmal nicht ineinander verliebt. Es gibt nicht den großen ersten Moment und keinen Pfeil von Amor, sondern es werden Listen ausgetauscht:

- Was machst du beruflich?
- Welche Musik magst du?
- Liest du gerne, und wenn ja, was?
- Gehst du lieber ins Theater oder in die Oper?
- Wanderst du gerne?
- Gibt es Länder, in die du immer wieder reist?

Noch bevor sich bei diesen Menschen wirklich Zuneigung entwickeln kann, fragen sie sich gegenseitig interessiert die unterschiedlichsten Dinge ab. Sie erkundigen sich, bleiben am Ball und erklären gegenüber Freunden: »Ich weiß nicht, sie war sehr angenehm, aber ich muss noch ein paar Dinge fragen. Es hat noch nicht gefunkt, aber wenn wir uns noch ein paarmal sehen und unterhalten, dann könnte dies durchaus passieren.«

Liebe und Zuneigung sind nicht planbar, aber es gibt ein wesentliches Element, das dabei hilft, sie zu entwickeln: echtes Interesse. Walter Sittler muss mit echtem Interesse seine Filmpartnerin betrachten, dann wird er etwas finden, was ihm gefällt. Martin muss mit echtem Interesse auf seine Kunden zugehen, damit ein wirklicher Kontakt entsteht. Verkäufer müssen echtes Interesse an ihren Kunden zeigen, denn nur so entstehen dauerhafte Geschäftsverbindungen. Und Sie müssen echtes Interesse für Ihr Gegenüber entwickeln, damit Sie diesen Menschen für sich gewinnen können.

Es muss ja nicht für die Ewigkeit sein. Und heiraten müssen sie denjenigen oder diejenige auch nicht von der Stelle weg. Manchmal fällt es einem leichter, auf jemand zuzugehen, wenn man sich bewusst macht, dass eine Situation zeitlich und räumlich begrenzt ist.

Auch bei Menschen, die sich von uns vollkommen zu unterscheiden scheinen und die uns in ihrem Verhalten sehr fremd sind, können sich Anteile zeigen, die verbindend sind. Diese festzustellen dient auch dazu, eine gemeinsame Basis herzustellen, um dann auf das Wesentliche zu kommen und darüber zu sprechen, worum es einem geht. Aber das Gesprächsklima wird ein anderes sein, wenn man zunächst einmal Verbindungen hergestellt hat. Das gilt besonders bei unangenehmen Gesprächen, bei denen Konflikte ausgetragen werden oder bei denen Kritik am anderen geübt werden soll.

Echtes Interesse ist also herstellbar. So wie Menschen nach Kontaktanzeigen sich kennenlernen, indem sie »ihre Fühler ausstrecken« und gegenseitig Verbindungen suchen, so funktioniert es auch in »normalen« Gesprächssituationen mit Menschen, die man dabei ist kennenzulernen. Dabei ist jeder »Aufhänger« gut: Gibt es irgendwelche Zeichen, die auf eine besondere Vorliebe meines Gegenübers hinweisen? Ein besonderes Kleidungsstück oder Accessoire? Oder sind Sie und Ihr Gegenüber vielleicht gerade Zeuge einer Situation geworden, die Sie beide kommentieren können, wodurch Sie erfahren, ob der andere die Situation ähnlich sieht wie Sie selber?

Es handelt sich hier um so etwas wie eine Aufwärmphase für das eigentliche Gespräch. Genau in diesen wenigen Minuten checken die Gesprächspartner, ob es passt oder nicht. Ob die »Chemie stimmt« oder nicht. Mit dem eigentlichen Anlass oder dem Thema der Begegnung hat das denkbar wenig zu tun. Wie Walter Sittler am Ohrläppchen seiner Kusspartnerin kann man sich dabei punktuell auf kleinste Themenbereiche und -ausschnitte fokussieren und dafür echtes Interesse zeigen. Es reicht, dass dabei ein gutes Gefühl, »the good vibration«, entsteht.

Neugier ist in der Begegnung eine treibende Kraft. Wenn wir uns freundlich und neugierig auf einen anderen Menschen einstellen, nehmen wir mehr wahr. Wenn wir alles schon von vornherein wissen, dann kann ein Mensch sich anstrengen, wie er will, wir werden ihn über weite Strecken immer so wahrnehmen, wie wir es für uns beschlossen haben.

Wenden Sie einmal den Blick zurück: Wann haben Sie in der Vergangenheit bereits einmal einen Kontakt total ins Positive verändert, weil Sie sich einen Ruck gaben und dem anderen eine Chance? Wie haben Sie das gemacht? Gaben Sie sich und dem anderen Zeit oder beschlossen Sie, einmal nur auf das Positive zu achten, und nahmen Sie sich in der Weise zurück, dass Sie sich sagten: Ich will mal fünf gerade sein lassen, denn schließlich bin auch ich nicht ohne Fehler. Haben Sie bereits im Vorfeld von dem anderen Menschen »gewusst« oder versuchten Sie, offen und neugierig zu sein?

Martin muss sich keine Sorgen über mangelnde Neugier machen. Er ist sozusagen ein Naturtalent. Seinen flinken Augen entgeht nichts und er ergreift jeden Zipfel einer Gelegenheit, um das, was er sieht und hört, dafür zu nutzen, mit den Menschen in Kontakt zu kommen. »Das ist aber ein schöner Hut, den Sie da tragen. Haben Sie den hier auf dem Weihnachtsmarkt gekauft?« Und schon ist er im Gespräch.

Neugier macht es möglich, dass Sie anderen Menschen mit offenen Augen begegnen. Sie wollen dann erfahren, erleben und wissen nicht schon alles im Voraus. Das berühmte Schubladendenken ist zwar praktisch, wenn es darum geht, einen Menschen oder eine Situation schnell »einzuordnen«. Wenn Sie aber die Schublade so fest zumachen, dass der andere nicht mehr herauskommt, sind Sie auf Gedeih und Verderb dazu verurteilt, einen Menschen genau mit diesem Blickwinkel immer wieder zu erleben. Sie haben dann Gedanken wie: »Das hab ich doch gleich gewusst, dass er das so macht.« Oder: »Ich brauche die gar nicht fragen, ich weiß jetzt schon, was die dazu sagt.« Bis hin zu: »Na, wenn der anders reagieren würde, das tät mich glatt wundern!«

Wundern Sie sich, so oft es geht!

Wundern bedeutet, dass uns jemand eine andere Reaktion zeigt als die, die wir erwartet haben, und wir dies auch noch merken! Damit die aber eintreten kann, müssen wir diesem Menschen eine Chance dazu geben. Vorgefertigte Ansichten und Meinungen über andere Menschen sind starr und lassen keine Überraschungen zu. Damit wird Begegnung nicht nur eingefahren, sondern auch langweilig – und zwar für Sie. Wer alles im Voraus weiß oder im Voraus ahnt, der braucht erst gar nicht wirklich in Kontakt zu treten. Das Zusammensein wird zu einer Nummer, die sich nach einem vorgegebenen Muster abspult. Ein Theaterstück mit vorgefertigten Rollen, denn nicht nur der andere verhält sich in Ihren Augen gemäß Ihren inneren Regieanweisungen, auch Sie nehmen eine Rolle ein, indem Sie darauf reagieren. In der Konsequenz sind Sie nicht mehr flexibel und werden nicht spontan reagieren. Das ist spürbar und stößt Menschen ab. »Ich kann machen, was ich will, der sieht mich so und damit Ende!«, sagen die betroffenen Personen. »Aus der Schublade komme ich nicht mehr heraus.«

Und ohne es zu merken, werden nun auch Sie in eine Kommode gesteckt. Dorthin, wo auch noch andere Brüder und Schwestern liegen. Alle stigmatisiert und ohne Chance, mit einem anderen Verhalten zu wirken. Damit dies gelingen könnte, müssten Sie es ja wahrnehmen. Das tun Sie aber nicht, weil Ihre Kommode vielleicht viel zu große Schubladen hat, die obendrein noch klemmen. Weil Sie die Welt durch Ihre Filter sehen.

Filter haben wir letztlich alle. Sie entstehen im Lauf des Lebens und machen bis zu einem bestimmten Punkt auch Sinn. Sie bestehen sozusagen aus dem Gewebe der gemachten Erfahrungen. Diese werden registriert, bewertet und dann mit einem bestimmten Siegel abgespeichert. Kommt eine ähnliche Situation, ziehen wir eine passende Erfahrung aus unserem Gedächtnis und stülpen sie über die neue Situation. »Das war schon immer so!«, sagen wir. Und behaupten, dass Situationen sich nach diesem bestimmten Ablauf entwickeln werden.

Filter sind wie Brillen, die bestimmte Einfärbungen haben. Situationen, die auch in der Vergangenheit gut verliefen, sehen wir hell und positiv eingestimmt. Menschen und Situationen, die in der Vergangenheit Ärger machten, werden dunkel eingefärbt. Wir reagieren mit der Zurückhaltung, die in einer früheren Erfahrung vielleicht sinnvoll gewesen, jetzt aber hinderlich ist.

Keine Situation ist mit einer anderen vergleichbar, so wie kein Mensch wie ein anderer ist. Jeder Mensch ist individuell. Wenn nun die verschiedenen Filter aufeinandertreffen, wird es in der Kommunikation besonders »lustig«. Sie entdecken dann in Ihrem Gegenüber vielleicht Charaktermerkmale eines früheren Lehrers, und zwar einen, den Sie fürchteten. Und Sie erinnern ihn sehr stark an einen Kollegen, der ihn fachlich »ausquetschte« und das Wissen später als eigenes verkaufte.

Wie könnte der Kontakt aber verlaufen, wenn Sie den Lehrer wegschieben und einfach nur neugierig schauen und warten, was das Gespräch ergibt? Verhalten bedingt sich gegenseitig, oder wie schon unsere Großmütter wussten: »Wie man in den Wald hineinruft, so schallt es heraus.« Sie können also empört »Hallo!!!« rufen oder neugierig »Hallo?« Mal sehen, welche Antwort Sie bekommen ...

Das neugierige Hallo

Neugier in sich zu entwickeln und den anderen mit einem ebensolchen »Hallo, wer bist denn du?« im Leben zu begrüßen, zeigt und schafft echtes Interesse. Sie merken dann auf und nehmen wahr. Und Ihr Gegenüber auch. Sie wollen alles wissen, erfahren und gestehen dem anderen ebenso zu, dass er verschiedene Eigenschaften, Ansichten und Facetten mit Ihnen teilt. Er ist eben nicht aus einem Förmchen gebacken und passt in keine Schublade. Vielleicht gehört er einem bestimmten »Kommodendesign« an, er oder sie kann barock, konservativ, aufgeschlossen, munter und modern, zurückhaltend oder scheu sein, aber bei den Schubladen hört es auf. Die sind dann bei Ihnen offen, und die Menschen, die Ihnen begegnen, haben immer wieder die Möglichkeit, herauszuspringen und Sie damit zu überraschen.

Neugier in der Begegnung ist von der inneren Einstellung geprägt: »Ich bin gespannt, was sie dazu sagt ...«, und nicht von: »Sie wird dazu sagen ...« Neugier hat in dieser Art von Betrachtung auch nichts mit neugierigem Nachfragen zu tun, mit Erkundigungen und Tratsch, sondern ist Zeichen des Bewusstseins, dass Menschen unterschiedlich und nicht vorhersehbar sind. Sie wollen dann einen anderen Menschen und seine Sicht der Dinge kennenlernen und bestehen nicht darauf, dass er die Welt so sieht, wie Sie es wollen. Vorgefertigte Meinungen sind wie ein Tunnelblick. Sie sehen die Landschaft daneben nicht.

Neugier schafft in der Begegnung mit anderen Menschen echtes Interesse. Wenn Sie Neugier in sich entwickeln können, dann sind Menschen und Situationen für Sie spannend. So spannend, dass Sie mit wachem Blick auf andere zugehen. Das wertet Beziehungen auf und macht andere Menschen Ihnen gewogen. Nicht nur im geschäftlichen Kontext, auch im privaten.

Wann haben Sie zum Beispiel Ihren Partner oder Ihre Partnerin das letzte Mal so begrüßt, als würden Sie sich erst seit ganz Kurzem kennen? Wie glauben Sie, würde sich eine solche Begrüßung von den herkömmlichen unterscheiden? Können Sie sich vorstellen, dass diese Unterscheidung sich in der Reaktion Ihres Partners niederschlägt? Was würde das wiederum bei Ihnen auslösen?

Es lohnt sich, auf Menschen immer wieder unvoreingenommen und mit Lust an der Begegnung zuzugehen. Vertrauen Sie auf Ihr Gefühl, dass Sie es schon merken werden, wenn Ihnen jemand »nicht gut« will. Seien Sie neugierig!

Darf's noch ein bisschen mehr sein? – Nähe und Distanz

Vieles, was für die geglückte Kontaktaufnahme mit Menschen wichtig ist, hat nichts mit Worten und Inhalten zu tun. Sie erinnern sich an das Kapitel über den ersten Eindruck. Noch bevor gesprochen wird, reagieren Menschen auf Körpersprache, Gerüche, Aussehen. Sie nehmen mit den ursprünglichen Sinnen wahr: den Ohren, Augen und der Nase. Es gibt noch einen weiteren Aspekt, der nicht einem konkreten Sinn zuzuordnen ist. In der Esoterik wird dieser Aspekt mit »Aura« bezeichnet. Unter Aura versteht man, vereinfacht ausgedrückt, ein Energiefeld, das von unserem Körper ausgeht. Manche Menschen können diese sogar sehen. Auch Personen, die nichts mit Esoterik am Hut haben, sprechen öfter einmal von diesem Energiefeld, indem sie sagen: »Dieser Mensch hat eine gute Aura«, oder etwas in der Art. Offenbar scheint sich da etwas zu zeigen oder ist zu spüren, das mit den herkömmlichen Sinnen nicht wahrnehmbar ist.

Wann immer Sie in ein Gespräch mit einem anderen Menschen treten, haben Sie diese – in der Regel – unsichtbare Aura zu berücksichtigen. Wenn Sie auf jemanden zugehen und diese Aura ignorieren, kann es schnell passieren, dass er sich bedrängt fühlt. »Der rückt mir auf die Pelle«, heißt es dann. Diese Aussage weist darauf hin, dass ein Mensch dem anderen entschieden zu nah gekommen ist. Oder ein Mensch wird »zu distanziert« erlebt. Das kann auch etwas mit Nähe und Abstand zu tun haben. In diesem Fall war der Abstand vielleicht zu groß.

Wie nah dürfen Sie anderen kommen?

Das ist sehr unterschiedlich und hängt im Wesentlichen von Ihrem eigenen Wohlgefühl bzw. von Ihrer Sensibilität dem anderen gegenüber ab. Fragen wir also lieber: »Wie nah darf man *Ihnen* denn kommen?« Haben Sie darauf schon einmal geachtet und den »richtigen« Abstand registriert? Rein räumlich betrachtet: Wie nah darf ein Mensch Ihnen kommen, ohne dass Sie es als unangenehm empfinden? Der Händedruck als Gruß kann hilfreich sein, die richtige Distanz auszutarieren. Wenn wir jemandem die Hand geben, können sich die beiden Partner damit zu verstehen geben, welche Nähe sie sich wünschen. Der Händedruck reicht von ganz intim, nah am Körper (wird dann meist durch eine Umarmung oder einer Hand auf der Schulter erweitert) bis hin zu fast ausgestreckt (was als merkwürdig und unangenehm empfunden werden kann). Mit Ihrem Händedruck können Sie also Nähe und Distanz steuern.

Sich selbst darüber klar zu werden, wie das eigene Nähe- und Distanzempfinden ist, kann in der Kommunikation viel erleichtern.

Um herauszufinden, wie das Nähe- und Distanzempfinden bei Ihnen ist, können Sie entweder im Alltag darauf achten oder Sie bitten Ihren Partner oder einen Freund, einmal ganz langsam auf Sie zuzugehen. Spüren Sie dabei genau nach, bis zu welchem Punkt das Näherkommen für Sie »in Ordnung« ist und ab wann für Sie eine Grenze überschritten ist und Sie ein inneres »Stopp!« verspüren.

Die Intensität und der damit verbundene Abstand ist natürlich von Mensch zu Mensch verschieden. Einen Menschen, mit dem Sie Sympathie verbindet, werden Sie anders begrüßen als einen gänzlich Unbekannten. Und bei dem Unbekannten kommt es darauf an, welche Art von »Vibration« zwischen Ihnen im ersten Moment entsteht, sodass der Händedruck mehr oder weniger verbindlich wird. Auf jeden Fall kann man am Händedruck recht gut die gebührende Distanz zwischen einem selber und seinem Gegenüber messen.

Wir Menschen haben im Lauf der Evolution viel mitbekommen und gelernt. Dieses natürliche Distanzverhältnis gehört mit dazu. Nun kann es aber sein, dass Ihr Gegenüber das anders empfindet. In diesem Fall bestimmt derjenige den Abstand, der die größere Distanz braucht. Das muss ja nicht dauerhaft so bleiben und kann sich während des Gespräches, wenn eine gemeinsame Basis entstanden ist, ändern. Was Sie tun können, ist, dass Sie sich offen zeigen und alles dafür tun, damit Ihr Gegenüber seine Scheu verliert.

Martin hat kaum Zeit, um auf dem Weihnachtsmarkt das Distanzempfinden seiner Kunden zu überprüfen. Es ist eine Menge los und er muss agieren und reagieren. Wenn es um den Punkt Nähe geht, hat er sich mehr für das Reagieren entschieden. Er lässt seinen Kunden die Wahl, wie nahe sie ihm kommen möchten. Das gilt besonders für die Kinder, die von seinem Kostüm und den Requisiten angezogen werden. Kinder zeigen uns manchmal wie unter einem Vergrößerungsglas, wie Dinge funktionieren. Man darf ihnen nicht ungefragt zu nahe kommen, denn dann weinen sie laut los und sind sehr erschreckt. Kinder zeigen es ganz deutlich, wenn sie keinen Kontakt mit einem Fremden wünschen. Und Martin ist ihnen erst mal fremd. Deswegen gibt er den Kindern die Möglichkeit, auf ihn zuzutreten, und sendet lieber Signale aus, dass sie sich trauen dürfen und der Kontakt erwünscht ist.

Wenn Menschen mit Ihnen nicht vertraut oder Ihnen sogar fremd sind, ist es besonders hilfreich, wenn Sie ihnen das Gefühl vermitteln, dass sie willkommen sind, dass sie aber die Nähe und Distanz selbst (mit-)bestimmen können. Lassen Sie – wortwörtlich – den anderen Menschen auf sich zugehen. Akzeptieren Sie diese Distanz und auch den Händedruck. Man kann keine Nähe vom anderen erzwingen, auch wenn sie den eigenen Gefühlen entsprechen würde. »Na, jetzt geben wir uns aber mal *richtig* die Hand«, wäre nach einem unbefriedigenden Händedruck eine gute Möglichkeit, den anderen in sein Schneckenhaus zu schicken, weil er sich bedrängt fühlt. Akzeptieren Sie die Bedürfnisse Ihres Gegenübers und nehmen Sie sich die Zeit, miteinander vertraut zu werden. Dann, wenn das »Eis gebrochen ist«, können Sie selbst aktiver werden und ein vorsichtiges Angebot machen.

Der erste Kontakt ist, wie es schon im *Kleinen Prinz* beschrieben wurde, auch immer ein Akt der »Zähmung«. Menschen machen sich miteinander vertraut und werden bald schon merken, wie nahe der Kontakt gehen soll, kann und darf.

Nähe und Distanz im Gespräch

Es gibt Menschen, die die Angewohnheit haben, sofort und ohne Umschweife in tief gehende Gespräche einzutauchen. Es ist ihnen offenbar geradezu eine Freude, über Werte, Ansichten, Ethik und Moral zu diskutieren, und sie haben auch keine Angst vor persönlichen Geschichten. Menschen und was Menschen bewegt, ist für sie hochinteressant und ein Genuss. Das Leben ist vielfältig und sie beschäftigen sich gerne damit. Diese Menschen werden von manchen als empathisch und einfühlsam erlebt. Man kann mit ihnen »Probleme besprechen«, erfährt Unterstützung und bekommt »Rat«. Andere erleben dies aber als übergriffig und fühlen sich in einen Gesprächsstrudel hineingezogen, der dem eigenen Tempo nicht entspricht.

Auch im Gespräch können wir anderen zu nahe kommen. Zu nahe, weil es einen Grad der Intimität erreicht, der vielleicht dem Gegenüber oder dem Anlass nicht entsprechend ist. Besonders unangenehm wird es, wenn ein Gesprächspartner dem anderen »die Würmer aus der Nase zieht« und von sich selber gar nichts preisgibt. Dann entsteht ein Ungleichgewicht, das fast zwangsläufig dazu führt, dass sich unser Gegenüber irgendwann unwohl fühlt und sich abwendet.

Diese Gespräche sind das Gegenteil von zu oberflächlichen Gesprächen. Beides kann als unangenehm empfunden werden. Beim einen fühlt sich Ihr Gesprächspartner mit Blabla »zugemüllt« (»Worüber haben wir eigentlich geredet? Zeitverschwendung!«), beim anderen seelisch ausgezogen (»Die hat immer gefragt und ich habe erzählt. Es war intensiv, aber nach dem Gespräch habe ich mich nackt gefühlt!«).

Beim Inhalt und der Durchführung von Gesprächen gilt es genauso, Nähe und Distanz zu beachten wie auf der körperlichen Ebene. Viele Menschen trauen sich nicht, das zu intime Gespräch zu beenden. Da ist nun jemand, der sich so genau erkundigt, da ist es unhöflich dies abzubrechen – denken sie. Oder: Ich habe doch nichts zu verbergen, deswegen habe ich weitergeredet. Aber es bleibt ein ungutes Gefühl zurück. Eines, das bei der nächsten Kontaktaufnahme dafür sorgt, dass dieser Mensch sich in Acht nimmt.

Tiefe Gespräche führen häufig in eine Art Trance. Die Menschen tauchen dann in sich ein, um die richtigen Antworten zu finden. Sie sind nachdenklich und um Ehrlichkeit bemüht. Die Frage ist nur, ob es der Situation und dem Grad der Vertrautheit gemäß ist, eine solche Tiefe herzustellen.

Wie können Sie hier am besten verfahren? Diese Frage ist sehr einfach beantwortet: Achten Sie bei Gesprächen darauf, dass Sie mindestens so viel von sich preisgeben, wie Sie aus dem anderen »herauskitzeln«. Sprechen Sie mit diesem Menschen über seine Schwierigkeiten, dann erzählen Sie auch, wo Ihre liegen. Geht es um Beziehungsproblematiken? Nun, welche Tiefen und Untiefen der Liebe kennen Sie? Bei gelungenen Gesprächen werfen beide Partner gleich viel in die Waagschalen.

Alles andere ist ein therapeutisches Gespräch mit einem Gefälle von oben nach unten, und das wird üblicherweise »gekauft«. Sollte Ihnen nach einem solchen Gespräch also jemand ein Honorar überweisen, dann erkennen Sie, dass Sie Ihre Sache zwar gut gemacht haben – aber es handelte sich bei dem Gespräch um keine Unterhaltung zweier gleichwertiger Partner.

Eine freundliche und dem anderen zugewandte Haltung führt dazu, dass sich zwischen zwei Menschen die für sie richtige Distanz fast automatisch einstellt. Es bringt einen dem anderen nicht näher, wenn man in ihn »hineinkriecht«. Stellen Sie interessierte Fragen, nehmen Sie Bezug auf Gemeinsamkeiten und erzählen Sie etwas von sich. Sie werden bald merken, ob mehr Nähe von Ihrem Gegenüber erwünscht ist oder nicht. Richten Sie Ihre Energie mehr darauf, den »Ball im Spiel zu halten«, lassen Sie sich Zeit, das Gespräch dahin zu lenken, wo Sie einflechten können, was Sie unbedingt »loswerden« werden wollen.

Die Kunst des Zuhörens

Wenn Sie zuhören können, haben Sie schon gewonnen. Im Grunde beinhaltet diese Kunst alle anderen Kapitel, die beschreiben, wie man einen anderen Menschen für sich gewinnt. Unsere Welt ist so egozentrisch, laut und schrill geworden, dass es nicht nur auffällt, wenn sich ein Mensch wirklich einem anderen zuwendet, sondern nahezu verblüfft.

Menschen, die gut zuhören können, wollen nicht sofort

- eine eigene Geschichte loswerden,
- an etwas anknüpfen und dies weiterführen,
- das Gespräch für sich drehen und wenden,
- zu einem Punkt kommen,
- ein anderes Thema anschneiden
- oder sogar einen Menschen nur kennenlernen, damit er ihnen die Tür zu einem anderen öffnet.

Nein, da ist jemand, der genau den Menschen meint, vor dem er steht und den das wirklich interessiert, was der andere sagt.

Dieses Zuhören fällt aus verschiedenen Gründen nicht immer leicht. Manchmal auch deswegen, weil viele Menschen nicht nur das Zuhören verlernt haben, sondern auch das Erzählen. Entweder weiten sie eine Geschichte bis zum Gehtnichtmehr aus oder es wird nur bruchstückhaft und ohne Beschreibungen erzählt.

»Wir waren in Italien Wein kaufen. Herrliche Landschaft und super Wetter.« Na ja, das ist nicht gerade brillant erzählt, und kein Wunder, wenn der Zuhörer schon nach »Italien« nach Luft schnappt, um ein langweiliges »Ich brauch nur um die Ecke für Wein. Wir haben da ein richtig gutes Geschäft« dranzuhängen. Gesprächsverläufe dieser Art sind wirklich keine Kunst und beide Gesprächsteilnehmer brauchen sich nicht zu wundern, wenn ihnen niemand zuhören möchte.

Die Kunst des guten Zuhörens besteht für mich im Grunde auch darin, einen anderen Menschen dahin zu bringen, dass er sich traut, etwas auszuschmücken und zu erzählen. Es ist die permanente Botschaft von »Ja, ich bin da, ja, ich bin noch immer da, ja, ich höre zu, ja, ich höre noch immer zu.« Viele Gespräche, bei denen man wirklich und gerne zuhört, werden nicht vom Zuhörer, sondern vom Erzähler permanent unterbrochen:

- »Langweile ich Sie?«
- »Ich langweile Sie sicherlich?«
- »Oh, ich raube Ihre Zeit ...«
- »Also, ich will das jetzt nicht ausbreiten ...«
- »Lange Rede, kurzer Sinn ...«

Solche Redewendungen sind alles Signale, die dem anderen zeigen sollen, dass man selbst unsicher ist, ob man überhaupt noch weiterreden darf.

Sicherlich sind die meisten Situationen in unserem Alltag so gestrickt, dass darin keine epischen Ausbreitungen Platz finden. Wobei, Sie merken es, auch diese Formulierung schon wieder negativ gefärbt ist: Wieso soll es gleich episch ausgebreitet sein, nur weil jemand etwas erzählt?

Wie wir erzogen werden

Wie man in einer Gesellschaft spricht und zuhört, ist Programm. Wir schauen es anderen Menschen ab und machen es nach. Und wir lernen es durch die Medien. Es geht beim Rundfunk beispielsweise heute nicht mehr um »Hörgenuss«, wie er vor ein paar Jahren noch als Anspruch formuliert war. Mittlerweile liegt »die Würze in der Kürze«. Die meisten der üblichen Radioprogramme erziehen uns heute eher zur Ungeduld und zum schnellen Hören, was dann auch oft ins Weghören übergeht.

Eine kleine Reise zurück in der Zeit: 1994 dauerte ein ganz normaler Beitrag im Vormittagsprogramm von SWF1 (dem damaligen Südwestfunk) noch dreieinhalb Minuten und durfte auch mal vier Minuten lang sein, wenn er gut war, also einen Inhalt transportierte. 1999 waren es noch zwei Minuten, mit der Tendenz zu eineinhalb. Schon im Jahr 2000 waren »Halbminüter« im Hörfunk keine Besonderheit mehr, sprich: In 30 Sekunden musste alles gesagt sein. Weil man den Menschen auch diese halbe Minute des Zuhörens nicht zumuten wollte, wurden diese halben Minuten in der Folgezeit mit Musik unterlegt. Sie finden das heute häufig noch bei den Verkehrs- und Kurznachrichten. Diese Meldungen werden oft mit einem »Musikbett« unterlegt, das uns das Zuhören erleichtern soll, aber dann doch oft auf die Nerven geht. Insgesamt gibt es heute immer weniger Wortbeiträge, weil die Radiomacher sich davor fürchten, dass die Zuhörer bei zu viel »Wortanteil« zu anderen Sendern wegzappen.

Dazu kommen neue, schnelle Kommunikationsformen wie E-Mail oder SMS (short message system) – auf Deutsch: Kurz-Nachrichten-System –, die uns dazu erziehen, uns kurz zu fassen. Das geht aber alles auf Kosten der Elemente, die eine Kommunikation »menscheln« lassen. Je jünger die Gesprächspartner sind, mit denen wir zu tun haben, desto mehr werden wir damit konfrontiert, dass sie solche Kurzformen der Kommunikation gewohnt und gleichzeitig dem einfachen Erzählen entwöhnt sind.

Kinder reagieren entsprechend in der Schule. Viele Kindersendungen sind ja eher turbulent und laut. »Die machen die Kinder ganz verrückt«, meint eine ältere Bekannte immer, wenn sie aus Versehen auf den Kinderkanal des deutschen Fernsehens drückt. Recht hat sie. Es gibt keinen Onkel und keine Tante mehr, die Kindern eine Geschichte erzählen. Ständig wird geschrien und gerannt. Wird es ruhiger im Programm, zappen die Kinder weg oder spielen nebenbei mit dem Gameboy. Man beobachtet, das ist die Folge davon, dass Kinder in der Schule sehr unruhig werden, wenn Lehrer etwas ausführlich besprechen. Der Lehrer kann leider nicht weggezappt werden und seine Rede ist wie bei einem Podcast auch nicht vorzuspulen.

Wie die Kinder, so die Erwachsenen. Oder ist es Ihnen nicht auch schon so ergangen, dass Sie sich dabei erwischt haben, als Sie dachten: »Mach schon!«, »Komm endlich zu Potte!« Oder Sie suchten nach dem »Knopf«, der den Menschen gegenüber endlich auf »den Punkt« bringt.

Zuhören ist ein Luxus, vielleicht analog der Slowfood-Bewegung beim Essen. Sie genießen dann, was der andere sagt, nehmen sich (gerne) die Zeit und möchten hören. Das ist für den anderen Menschen spürbar und in der heutigen Zeit etwas sehr Besonderes. Gespräche, die in dieser Intensität verlaufen, bleiben hängen. Da viele von uns aber von den allgemeinen Sprech- und Hörgewohnheiten »verdorben« sind, müssen wir das Zuhören wieder neu lernen. Wie geht das?

> Nehmen Sie sich einmal bewusst Zeit und hören Sie jemand zu, der eine Geschichte erzählt, oder legen Sie ein Hörspiel in den CD-Player und achten Sie darauf, wie sich Ihr Ohr wieder an gesprochenen Text gewöhnen muss, der länger als 30 Sekunden dauert.

Ihre Gesprächskultur wird sich nachhaltig verändern, wenn Sie in Zukunft folgende Überlegungen stärker berücksichtigen:

- Wenden Sie sich in einem Gespräch nicht nur mit Worten, sondern auch mit Ihrem Körper dem Gesprächspartner zu.
- Blicken Sie freundlich in die Augen Ihres Gegenübers, aber starren Sie ihn nicht an.
- Unterdrücken Sie den Impuls, schon nach wenigen Sekunden einen anderen Menschen unterbrechen zu wollen.
- Stellen Sie mehr Fragen, als dass Sie Kommentare und Antworten von sich geben.
- Bevor Sie etwas erzählen, wägen Sie ab, ob es diesen

persönlichen Beitrag gerade »braucht«. Steuern Sie etwas Wertvolles bei oder wollen Sie nur auch »mal wieder den Mund aufmachen«?

- Nicken und Lächeln signalisieren einem anderen Menschen, dass Sie ihm gerne zuhören. Bauen Sie dies in Gespräche immer wieder ein.
- Strahlen Sie Ruhe aus, auch mit Ihrem Körper.
- Stehen oder sitzen Sie aufrecht, denn das vermittelt auch Ihre aufrechte innere Haltung.

Einem Menschen zuzuhören bedeutet auf Empfang zu sein. Es kann sein, dass Sie manchmal etwas so empfangen, wie Sie es empfangen möchten, wie es in Ihr Raster passt. Das kann zu Missverständnissen führen, die man vermeiden kann: Um zu überprüfen, ob Sie auch wirklich richtig verstanden haben, lohnt es sich, sich immer mal wieder rückzuversichern. Das gelingt mit Fragen wie: »Habe ich es richtig verstanden, dass ...?« Oder mit dem einfachen Wiederholen von dem, was Sie verstanden haben. Da übliche Unterhaltungen jedoch keine therapeutischen Gespräche sind, empfehle ich, dies nur dann und wann zu tun. Sinnvoller scheint es mir, eher auf das Gesagte zu reagieren und somit auf ganz natürlichem kommunikativem Weg ein Echo oder eine Rückmeldung zu geben. Dies geschieht auch, indem Ihre Mimik bei einem Gespräch bewegt ist.

Martin ist ein guter und geduldiger Zuhörer. Schon allein deswegen, weil er ein sehr neugieriger Mensch ist und immer wieder gespannt den Geschichten seiner Kunden lauscht, die sie ihm erzählen. Die Menschen spüren das und fühlen sich zu ihm hingezogen – ob sie nun Maroni mögen oder nicht.

Zum Zuhören gehört auch eine zugewandte Körpersprache. Sie können bei einem Gespräch noch so oft nicken und mit »Hm, ja« das Gehörte kommentieren. Wenn Sie gleichzeitig mit verschränkten Armen oder halb abgewandtem Körper dastehen, wird Ihr Gegenüber zwangsläufig registrieren, dass Sie nicht bei der Sache sind. Der Körper lügt nicht! Deshalb sollten Mimik und Gestik bei einer Unterhaltung immer natürlich sein, sonst ist Ihr Gegenüber irritiert. Ziehen Sie bei einem erstaunten »Oh, wirklich?« nicht dramatisch die Augenbrauen nach oben. Bei enttäuschenden Nachrichten genügt Ihr Schweigen, Sie müssen den Oberkörper nicht auch noch nach vorne überhängen oder den Kopf demonstrativ zur Seite legen. Bleiben Sie authentisch, dann sind Sie natürlich und bewegt genug.

Viele wichtige Gespräche fangen ganz unwichtig an

Menschen müssen sich warm reden, ehe sie tiefer in ein Gespräch eintauchen. Dafür bedarf es Worte, und die sind häufig erst mal leicht und seicht. Man spricht über das Wetter, Ostern oder Urlaubsorte. In diesen Sätzen tasten sich Menschen aufeinander zu. Wenn Sie mit einem anderen Menschen ausführlich und intensiv sprechen möchten, so braucht es einleitend diese kleine Geduldsphase. Zwingen Sie niemand tiefer einzusteigen, als er in diesem Moment möchte, sondern machen Sie Angebote. Das können Fragen sein oder Geschichten, die Sie von sich erzählen. Hören Sie genau zu, wie Ihr Gesprächspartner darauf verbal reagiert, und beobachten Sie auch seine Körperhaltung oder Mimik. Vieles wird Ihnen der Körper erzählen, bevor der Mund Signale gibt. Zuhören bedeutet auch, diesen Botschaften ihren Stellenwert zu geben und sie wahrzunehmen.

- Wendet sich Ihnen Ihr Gesprächspartner zu oder ab?
- Blickt er weg oder Ihnen in die Augen?
- Fragt er seinerseits nach? Will er mehr wissen oder ist ihm die Oberfläche genug?

Zuhören bedeutet zu respektieren, welche Intensität ein anderer Mensch möchte, und zwischendrin immer wieder Angebote zu streuen. Manchmal dauert es ein wenig, bis ein gutes Gespräch richtig in Gang kommt, um dann eine Wandlung hin zur gewünschten Tiefe zu vollziehen. Sie bieten sich im Zuhören an und sind mit Ihren Gedanken komplett und völlig beim Gespräch und Ihrem Gegenüber. Wer sich mit sich selbst beschäftigt, kann nicht mit seinem Gegenüber beschäftigt sein. Das hatten wir schon an anderer Stelle. Aber immer ist es Ihr Gegenüber, das den Gesprächsverlauf mit bestimmt, und so kann es auch sein, dass sich jetzt oder nie die Intensität herstellt, die Sie sich so sehr wünschen.

Und ich soll nur still sein?

Nein, denn ein Gespräch braucht beide Seiten. Auch Sie müssen etwas erzählen, damit ein Gespräch gelingt. Ihr Beitrag sollte auf dem aufbauen, was gerade gesagt worden ist, oder dem Gespräch eine neue, für Sie vielleicht günstigere Richtung geben. Zeigen Sie sich und bringen Sie Ihre Gedanken ein, aber lassen Sie sich nicht verleiten, das Zuhören damit zu beenden. Gespräche sind ein Ballspiel. Verfolgen Sie den Ball aufmerksam, gespannt und mit Freude. Der, der den Ball hat, darf damit agieren. Wenn der andere den Ball hat, hört man zu – auch wenn es sich andeutet, dass kein tieferes Gespräch möglich ist.

Nicht alle Menschen wollen ernsthafte Gespräche. Deutlich kann man dies bei Jugendlichen sehen, wenn ihre Eltern sich auf den neuesten Stand in puncto Liebe bringen wollen. Erinnern Sie sich, wie Sie sich selbst aus diesen Gesprächen gewunden haben?

Auch Sie haben vielleicht schon einmal versucht, ein Gespräch zu führen, das nicht so in die Tiefe ging, wie Sie es wollten. Es macht nichts, wenn es an dieser Stelle nicht funktioniert hat. Sicherlich werden sich andere Gelegenheiten bieten. Manchmal brauchen Menschen auch einfach länger und erst der zweite oder dritte Anlauf glückt. Das soll Sie alles nicht daran hindern, selbst immer intensiver in Ihrer Gesprächskultur zu werden.

Übrigens, auch der Small Talk braucht Ihr Ohr! Immer wenn Menschen sprechen, wünschen sie sich, dass jemand zuhört. Egal wie kurz und banal der Inhalt ist. Aber auf solch einen intensiven Small Talk lässt sich besser aufbauen als auf heißer Luft. Es geht Ihnen ja darum, immer besser zu werden und Gespräche mehr und mehr für sich zu nutzen und zu kultivieren. Üben Sie also das Zuhören. Jeden Tag und täglich immer wieder. War das etwa eine Dopplung? Nun, dann haben Sie gut zugehört.

Die Fähigkeit zuzuhören ist eine ganz große Qualität. Menschen fühlen sich ernst genommen und spüren, dass man ihnen Raum lässt, damit sie sich entfalten können. Gute Zuhörer zeigen, dass sie nicht nur ihr »Ding« im Kopf haben, sondern auch ein Interesse an den Gegebenheiten des anderen.

Subtext und andere Sprachlosigkeiten

In einem Gespräch werden nicht nur Worte und Sätze gewechselt, die in verschiedenen Tonlagen gesagt werden, sondern es werden noch eine ganze Menge weiterer Informationen auf anderen Ebenen ausgetauscht. In den vorherigen Kapiteln ist dies bereits zum Teil angeklungen. Wie es in einem Brief möglich ist, »zwischen den Zeilen« zu lesen, so gibt es auch im Gespräch Aussagen, die nicht direkt in Worte verpackt werden. Man schweigt, rollt die Augen, blickt zur Seite, schürzt die Lippen oder schaut freundlich, aber unbeteiligt. Manchmal wird auch etwas gesagt, mit dem man inhaltlich nur wenig anfangen kann. Es handelt sich dann um Aussagen, die vielleicht gar keine direkte Botschaft beinhalten.

In der Regel werden solche »schwammigen« Formulierungen aus einem Gefühl der Verlegenheit oder Höflichkeit heraus gesagt. Man möchte dann einen anderen Menschen nicht verletzen oder brüskieren. Oft genug sind diese Botschaften aber auch ein Signal dafür, dass dieser Mensch nicht das Vertrauen in sich oder die Situation hat, um ganz offen und »frei von der Leber weg« zu sprechen. Und in manchen Ländern, wie Japan oder Österreich, gehören diese Botschaften zwischen den Zeilen und das, was man unter »Ausreden« oder »um den heißen Brei herumreden« versteht, einfach dazu

Mir erzählte eine Wiener Professorin einmal, dass viele ihrer Landsleute die deutsche Art, Dinge direkt auszusprechen, als barsch und unhöflich empfinden würden. »Man tut das hier nicht so«, was so viel heißt wie: Der Wiener braucht seinen Schmäh für die Kommunikation. Wenn Sie als Tourist nach Wien kommen, hat dies weniger Bedeutung, als wenn Sie beispielsweise dort arbeiten oder länger leben wollen. Auf Touristen haben sich die Wiener längst eingestellt, mit der dazugehörenden Brummigkeit, die in Reiseführern beschrieben und deswegen auch erwartet wird. Doch wenn es um Beziehungen – privat oder bei der Arbeit – geht, kann es leicht zu Missverständnissen oder zu Brüchen in der Kommunikation kommen. Die Tatsache, dass Österreicher und Deutsche eine gemeinsame Sprache mit einer gemeinsamen Grammatik sprechen, verleitet zu der Annahme, dass wir auch ansonsten eine gemeinsame breite Verständigungsbasis haben. Haben wir aber nicht. Viele Wiener fühlen sich in der Kommunikation mit Japanern verwandter, die im Gespräch sorgsam darauf achten, niemanden auf den Schlips zu treten, und lieber fünfmal einen Satz beginnen, eh sie forsch und frei sagen, was sie sich wünschen und was ihnen nicht passt.

Wir müssen aber nicht unbedingt nach Österreich fahren, um derartige Missverständnisse zu erleben. Das passiert auch in Deutschland regelmäßig. Die meisten Menschen gehen davon aus, dass alles sofort und klar auf den Tisch gepackt werden kann, zumal wenn man sich in einer gemeinsamen Sprache und Kultur bewegt. Viele Menschen wollen oder können das aber nicht. Deswegen besteht die Kunst in der Kommunikation darin, genau auf diese Zwischentöne zu achten und sie sorgsam zu interpretieren, besonders dann, wenn einem die Beziehung oder der Kontakt in irgendeiner Form wichtig ist. Und dabei geht es nicht um Gedankenleserei. »Das sehe ich nicht ein!«, entrüstet sich manch einer. »Da steht ein erwachsener Mensch vor mir und ich nehme ihn ernst mit dem, was er sagt. Und den heißen Brei, um den er herumredet, auch! Diese Interpretiererei führt zu nichts anderem als zu Problemen.«

Diese Haltung ist verständlich und nachvollziehbar, führt aber häufig dazu, dass Beziehungen nicht zustande kommen oder schnell gestört sind. Es ist ja auch nicht angenehm, ständig die Antenne ausgefahren zu haben, um zu verstehen, was jemand jetzt wirklich meint. Schließlich gäbe es nichts Umständlicheres, als wenn alle nur noch auf die Botschaften zwischen den Zeilen achten würden und mit eigenen Zwischenbotschaften darauf reagierten. Ein heilloses Durcheinander würde entstehen.

Wir können natürlich unser Gegenüber nicht ändern. Aber was wir tun können, ist, dass wir in unserem Verhalten auf allen Ebenen so klar sind, dass sich das Gegenüber eingeladen fühlt, genauso klar zu sein. Das heißt, indem wir eindeutig sind, können wir eine vertrauensvolle Basis für eine Begegnung schaffen. Bei manchen Menschen springt der Funke dann schnell über, manche brauchen dafür etwas länger. Je nach Charakter oder Befindlichkeit.

Ausgangspunkt dieses Buches war es, dass Sie einen Menschen für sich gewinnen möchten. Da kommen Sie manchmal nicht drum herum, diesen Menschen erst einmal so zu nehmen, wie er ist. Auch wenn Sie manches an ihm umständlich oder sogar dumm finden. Besonders Zwischen-den-Zeilen-Botschaften werden von dem, der sie sendet, ja nicht als Ausweichen empfunden oder mit Absicht eingesetzt. Diese Menschen erleben Ihr »Herumeiern« oft als diplomatische Vorgehensweise. Man sagt etwas, ohne es direkt auszusprechen, und geht davon aus, dass es beim Empfänger ankommt. Eben diplomatisch.

Diplomaten sind feine Herrschaften. Es ist also eine Auszeichnung, mittels Zwischentönen und Ausweichmanövern zu kommunizieren. (Dabei finden wir gerade unter Politikern eine Direktheit, bei der man manchmal die Ohren anlegt und denken könnte: »Kann man das nicht auch anders sagen? Freundlicher oder diplomatischer? Warum bellt ihr euch in den Debatten nur so an?« Politik erinnert mehr und mehr an Wettkampf und Sport. Mit Diplomatie kommt man dort offenbar nicht mehr weit.)

Nun hat sich aber diese feine Diplomatie in vielen Köpfen festgesetzt und Sie müssen lernen, damit umzugehen, sie zu interpretieren und geschickt für sich zu nutzen. Was will Ihnen dieser Blick sagen? Warum ist ein Satz so wachsweich formuliert? Gibt es Gründe, warum Sie keine echte Antwort bekommen?

Sehen wir uns eine von diesen Situationen näher an, in denen die Art von Diplomatie, die ich meine, eine Rolle spielt, um herauszufinden, wie man sie erkennt und am besten damit umgehen kann:

Sie sind auf einem Empfang und haben endlich einen Redner nach seiner Präsentation am Rand des Geschehens erwischt. Sie fragen, ob Sie ihn wegen eines Projektes sprechen könnten. Nächste Woche vielleicht? Antwort: »Ja, mal sehen. Ich muss aber noch schauen, ob ich einen Termin frei habe.«

Nun obliegt es Ihrer Geschicklichkeit, mit dieser Aussage richtig umzugehen. Erst einmal haben Sie die Körpersprache und können an dieser bereits ablesen, ob dieser Mensch an Ihnen interessiert ist oder nicht. Wenn nicht, dann eben nicht. Schließlich wollen Sie ihn ja für sich gewinnen und haben etwas in petto, das ihn möglicherweise sogar stark interessieren könnte. Er kennt die Einzelheiten aber noch nicht und reagiert deswegen so, als ob Sie eine Fliege wären, die sich ihm immer wieder auf die Backe setzt. Da müssen Sie jetzt durch. Mit Höflichkeit und Charme.

Hätte Ihr Gegenüber mit Ihnen wirklich Kontakt aufnehmen wollen, dann hätte er vermutlich gesagt: »Rufen Sie mich doch bitte noch einmal an, dann schauen wir nach einem Termin.« So stehen Sie da und wissen nicht weiter. Sollen Sie einfach anrufen oder ihm Ihre Visitenkarte geben? Die verschwindet dann in einem Stapel in seiner Jackentasche und landet irgendwann im Papierkorb, weil Ihr Gegenüber sich nicht mehr erinnert, welcher Mensch zu welcher Visitenkarte gehört und welches Gesicht, Projekt oder Anliegen damit verbunden war.

Zum besseren Verständnis: Hätte er wirkliches Interesse an einem Kontakt mit Ihnen, würde er nach Ihrer Visitenkarte fragen, Ihnen seine geben und er würde sich möglicherweise sogar etwas auf der Karte notieren. Ganz sicher würde er sich die Karte aber einprägen, damit er später einen Bezug herstellen kann.

Wie gehen Sie nun am besten vor? Mein Vorschlag: Sie werfen Ihrem Gegenüber noch mal ein Stichwort hin, worum es Ihnen geht, und fragen dann: »Möchten Sie, dass ich Sie kontaktiere, oder melden Sie sich wieder bei mir?« Nun hat Ihr Gegenüber die Wahl und fühlt sich von Ihnen nicht bedrängt. Sie können, wenn Sie sichergehen wollen, ihm anbieten, ihm auch noch vorab ein paar Stichpunkte zu mailen, aber sagen Sie nicht forsch: »Ich rufe Sie dann nächste Woche an.« Der Satz »Ich muss schauen, ob ich einen Termin frei habe« kann nämlich auch bedeuten: Lass mich bloß in Ruhe! Sie sind aber nicht Mitglied einer Drückerkolonne, sondern wollen die Basis für einen Kontakt schaffen. Deswegen ist es wichtig, den Kontakt vorsichtig und angenehm zu knüpfen.

Wir kommunizieren auf verschiedenen Ebenen. Wir sind Sender und Empfänger zugleich. Das macht die Sache manchmal schwierig, denn im Grunde haben wir jederzeit die Möglichkeit der freien Wahl, wie wir etwas verstehen wollen. Wir können in eine Aussage hineininterpretieren, was immer wir uns denken. Je nach persönlicher Tagesverfassung kann das stärkend oder schwächend sein. Wir können den reinen Sachinhalt verstehen oder können eine Aussage daraufhin untersuchen, was der Sender über sich selbst sagen möchte. Eine weitere Möglichkeit ist es, das Gesagte darauf zu prüfen, welche Aussagen es über die Beziehung zwischen mir, dem Empfänger und dem Sender enthält. Und schließlich können wir uns durch eine Aussage aufgefordert fühlen, etwas zu tun.

Ein Beispiel dafür, welche Missverständnisse einer Botschaft auf dem Weg von ihrem Sender zum Empfänger unterlaufen können: Im Auto sagt ein beifahrender Mann zu seiner Frau, die hinter dem Lenkrad sitzt: »Du, da vorne ist

Grün!« Aha, was will er jetzt? Will er seine Frau sachlich informieren: Die Ampel ist grün? Oder ihr vielleicht seine Befindlichkeit mitteilen, dass er es eilig hat? Vielleicht will er ja nur damit zeigen, dass seine Frau seine Hilfe braucht, und damit die Beziehung zwischen sich und ihr beschreiben? Oder will er seine Frau auffordern, dass sie Gas geben soll? Je nachdem, wie die Botschaft bei der Frau ankommt und auf welche Frequenz ihr Empfänger eingestellt ist, wird die Antwort (und ihr zugehöriges Gefühl) anders aussehen. Friedemann Schulz von Thun hat das in seinem Buch *Miteinander reden* sehr ausführlich dargestellt. Von ihm stammt auch dieses Beispiel.

Zwischen den Zeilen wird immer dann gesprochen, wenn Menschen keine eindeutige Aussage geben können oder wollen. Manchmal wird nur gebrummt oder die Achseln werden gezuckt. Sehr lästig! Was soll man als Gegenüber damit nur anfangen?

Hilfreich ist es auf jeden Fall, auch die Körpersignale in die Wahrnehmung mit einzubeziehen, um daraus konkretere Informationen über das Gesagte zu erhalten.

Nehmen wir als weiteres Beispiel den Kontakt zwischen einer Frau und einem Mann und nehmen wir an, sie befinden sich in einem Theaterfoyer und flirten miteinander. (Da immer weniger Menschen im Besitz von Briefmarken- oder Schallplattensammlungen sind, können diese ja leider nicht mehr unterstützend eingesetzt werden, wenn es darum geht, Kontakt zu knüpfen.)

Woran erkennen Sie nun, dass diese Frau gerne ein Glas Wein mit Ihnen trinken würde? Genau, Sie bekommen ein Lächeln geschenkt und einen offenen Blick. Und umgekehrt, woran merken Sie, dass dieser Mann mit Ihnen Kontakt aufnehmen möchte? Er schickt Ihnen einen Blick und lächelt ein wenig dazu. Vielleicht legen Sie beide noch den Kopf schief. Na, mal sehen, ob das mit uns was wird, heißt diese kleine Geste, und es steckt auch ein Wollen-wir-es-Versuchen? noch mit drin. In diesem Fall ist es leicht, die nicht gesagten Zeichen zu verstehen. In anderen Fällen dann aber auch wieder nicht.

Nicht alle sind zum Flirt bereit

Wie nimmt man wahr, was sich der andere Mensch in der Kommunikation wünscht? Wenn wir davon ausgehen, dass jeder Mensch eine andere Betriebstemperatur hat, dann ist es gut möglich, dass ein Mensch nicht sofort auf die Kontaktangebote eingeht, die wir ihm vorschlagen. Unser Lächeln wird dann vielleicht nur zögerlich erwidert und auf weitere Einladungen wird nicht eingegangen. Sie sollten sich davon auf keinen Fall entmutigen lassen, sondern diese Botschaften erst einmal nur wahrnehmen und mit Respekt darauf reagieren. Manchmal braucht es zwei Versuche.

Über ein Schweigen oder einen Abstand hinwegzurollen wie eine Dampfwalze führt meist nicht zu dem gewünschten Ergebnis, sondern zu nichts anderem als Ablehnung. In der Folge haben Sie es dann vielleicht im zweiten Anlauf noch schwerer, »diese Nuss zu knacken«. Da Sie nicht in andere Köpfe blicken können, empfehle ich meinen Klienten gerne, sich an diesem Punkt lieber zu erkundigen und ganz direkt nachzufragen, was das Schweigen zu bedeuten hat, ob das Gespräch in irgendeiner Form unangenehm ist oder ob man dem Gesprächspartner auf den Schlips getreten ist.

Das geht sehr einfach, wenn man einen höflichen Ton anschlägt. Vergessen Sie nicht: Noch ist Ihr neuer Kontakt nicht so verbindlich, dass Ihr Gegenüber eine Verpflichtung hat, Ihnen irgendetwas genauer zu erklären oder darzulegen. Die höflichen Nachfragen kennen Sie bereits aus Ihrer guten Kinderstube und ganz sicher verwenden Sie diese regelmäßig, ohne darüber nachzudenken. Nun geht es darum, diese Fragen situationsgerecht und bewusst in Gesprächen einzusetzen. Einige Beispiele:

- Abweisender Blick: »Ich bin mir nicht sicher, ob meine Frage gerade eben passt. Ist es Ihnen jetzt angenehm, oder soll ich später noch einmal auf Sie zukommen?«
- Keine wirkliche Antwort: »Vielleicht möchten Sie, dass ich etwas genauer werde. Ist es Ihnen recht, wenn ich nun ein paar Sätze sage? Oder wäre später besser?«
- Zögerlicher Gruß: »Ich freue mich sehr, Sie hier zu treffen. Haben Sie einen Moment Zeit?«
- Blick auf das Display vom Handy: »Ich merke, ich komme ungelegen. Ich werde es später noch einmal probieren.«

Die beschriebenen Situationen passen zu Treffen, Feiern oder Veranstaltungen. Es geht um Kontakt, oder wie man so schön sagt: »Sie wollen einen Fuß in die Tür bekommen.«

Was aber, wenn Sie noch nicht in der »Shakehand-Phase« sind? Wie nehmen Sie Kontakt auf, wenn Sie jemand »anziehen« wollen wie Martin die Kunden an seinen Stand? Fragen wir ihn selbst:

»Ich habe gemerkt, dass ein offenes Lächeln, das ehrlich und freundlich ist, die beste Wirkung zeigt. Ich schaue den Menschen ins Gesicht und lächle. In dem Moment mag ich sie auch, obwohl ich sie nicht kenne. Das geht sehr gut. Ich muss mich nur daran erinnern, dass wir ja alle ›nur‹ Lebewesen auf diesem Planeten sind und irgendwie vergnügt durchs Leben kommen wollen. Der Gedanke erleichtert mir die Kontaktaufnahme ungemein.«

Martin stellt sich also mit seinen Kunden auf eine Stufe und lächelt sie mit offenem Herzen an. Es gibt keine Fallhöhe, kein Theaterspiel, sondern er ist mit ihnen Aug in Aug. Wenn Menschen uninteressiert an seinem Stand vorbeischlendern, lässt er sie ziehen und ruft ihnen nicht marktschreierisch hinterher. Auch das wäre eine Möglichkeit, und bei vielen Verkäufern klappt das sogar. Martin schätzt eher den feineren und leiseren Weg. Er lächelt und weiß, irgendwann ergibt sich eine bessere Chance oder es werden andere Menschen kommen. Wen auch immer er anlächelt, Interessierte und Uninteressierte: Sein Lächeln ist immer spürbar echt.

Lächeln verbindet

Ein unechtes Lächeln wird sofort erkannt und zerstört den Zauber des Moments. Alles kehrt sich fortan ins Gegenteil. Nur weil Martin selbst sein Lächeln fühlt, ist es ein Lächeln und kein leeres Grinsen. Grinsgesichter verunsichern und ihre nonverbale Botschaft ist überheblich und nicht gut.

Martins Bereitschaft, die Menschen anzulachen, und seine offene Art zeigen, dass er zum Kontakt bereit ist. Gleichzeitig ist er immer bereit, sich zurückzunehmen. Er will sich niemand aufdrängen. Respekt und Achtung sind in der Kontaktaufnahme sein oberstes Gebot. Er hat gelernt, in Gesichtern und Gesten zu lesen, ob ein Mensch von ihm angesprochen werden möchte oder nicht. Erkennt er auch nur den Zipfel eines positiven Signals, dann geht Martin auf diesen Menschen zu.

Wie Sie in Gesichtern lesen können, dass jemand keinen Kontakt will oder erst noch mit Ihnen »warm« werden möchte, so gibt es auch Zeichen, die mir sagen: »Ja, ich will!!!« Sie erinnern sich an das Beispiel mit dem Flirt? Der Blick, das Lächeln, bei den Frauen das Spiel mit dem Haar. Nun geht es Ihnen nicht bei jedem Menschen um Flirt, es sei denn, Sie wären »leicht entflammbar«. Sie möchten ins Gespräch kommen. An welchen unausgesprochenen Zeichen können Sie erkennen, dass ein anderer Mensch mit Ihnen Kontakt aufnehmen möchte?

Nun, hier gilt genau das, was Martin uns beschrieb. Da ist ein interessierter Blick, ein Lächeln, ein nahezu unbemerktes Auf-Sie-Zugehen und der unausgesprochene Wunsch, von Ihnen angesprochen zu werden. Viele Menschen warten darauf, dass endlich jemand etwas zu Ihnen sagt. Gute Verkäufer wissen das und erkennen diesen wertvollen Moment. Sie verlassen sich auf ihr Gefühl. Ihr Bauch gibt ihnen gute Signale, wie eine Situation am besten einzuschätzen ist. Und sie gehen auch davon aus, dass sich manche erste Abwehr im späteren Kontakt noch wendet.

Wenn Sie durch die Stadt bummeln, versuchen Sie einmal, wortlos mit den Menschen in Kontakt zu treten. Mit einem Blick, einem Lächeln, vielleicht einer vorlauten Bemerkung. Sammeln Sie die Reaktionen und archivieren Sie sie in Ihrem Erfahrungsspeicher. Wenn es dann irgendwann »darauf ankommt«, können Sie sie dort abrufen.

Wichtig ist die Zeit, die Sie sich nehmen, um die Situation für sich zu erspüren. Halten Sie kurz inne und betrachten Sie sich und den Moment. Dann planen Sie den ersten Schritt. Das kann eine Begrüßung sein, eine Frage, ein Wink mit den Augen, ein Zunicken. Schauen Sie sich die Gesten, den Gesichtsausdruck Ihres Gegenübers an. Blitzt etwas auf, das Sie zu einem Kontakt ermutigt? Wenn ja, dann greifen Sie beherzt zu. Diese Situation gibt es vielleicht nur einmal. Wenn nein, dann ziehen Sie sich diskret zurück. »Pazienzia«, murmelt Martin in solchen Fällen vor sich hin. Er ist oft in Italien und weiß, dass dies Geduld bedeutet. Eine bessere Situation kommt allemal wieder.

Wir senden außer dem, was wir sagen, noch sehr viele andere Botschaften. Sie kommen alle – mehr oder weniger deutlich – bei unserem Gegenüber an, ob wir wollen oder nicht. Deshalb ist es sinnvoll, auf allen Ebenen klar zu kommunizieren. Man vermeidet dadurch Missverständnisse und spricht eine Einladung an seinen Gesprächspartner aus, ebenfalls klar zu sein.

Kontakte wollen gepflegt werden

Sicher wollen Sie nicht nur dann und wann nette Kontakte knüpfen, sondern diese auch halten, pflegen und vielleicht sogar gekonnt ausbauen. Gute Kontakte haben heute mehr denn je regelrechten Geldwert. Wer Kontakte hat, kommt weiter. Unternehmer, die mit ihren Kontakten nicht pfleglich umgehen, müssen Jahr für Jahr viel Geld investieren, um immer wieder neue Kontakte zu knüpfen oder die alten wiederzubeleben. Es ist eine sehr sensible Angelegenheit, wie man Verbindungen einerseits am Leben erhält und andererseits nicht »überpflegt« und damit erdrückt.

Im Grunde ist die richtige Kontaktpflege vergleichbar mit der Pflege von Zimmerpflanzen: Wenn man sie zu wenig gießt, vertrocknet die Zimmerpalme, und wenn man sie zu viel gießt, fault sie einem von der Wurzel her weg. Grüner Daumen hin oder her, man muss sich drum kümmern, wenn man Freude an dem guten Stück haben will. Also geht es jetzt darum, Ihren grünen Daumen in der Kontaktpflege zu betrachten oder zu entwickeln.

Früher nannte man die Kontaktpflege auch Vitamin B (für *B*eziehung). Im körperlichen Bereich ist dieses Vitamin für die Nerven zuständig. Vitamin-B-Mangel macht zappelig, nervös und manche Menschen regelrecht depressiv. Es fehlt dem Körper dann etwas ganz Essenzielles. Vitamin B kann dem Körper mittels Nahrung und Nahrungsergänzung zugeführt werden. Vitamin B im gesellschaftlichen Bereich erhalten Sie durch Kontaktpflege und das Interesse an anderen Menschen. Ausreichend Vitamin B in diesem Bereich beruhigt genauso wie echtes Vitamin B die Nerven.

Ich bin gelegentlicher Besucher auf einer Internetplattform, die ein virtuelles Business-Netzwerk bildet. Dort kann man sein Profil einstellen bzw. das von anderen einsehen, um dann miteinander Kontakt aufnehmen zu können. Allerdings habe ich in der Zwischenzeit die Lust darauf verloren, weil ich nach einer »Kontaktparty« eines Mitglieds plötzlich permanent Anrufe und Einladungen bekam, und zwar von Menschen, mit denen ich mich an einem Abend nur einmal kurz unterhalten hatte. Eine Verbindung ging so weit, dass ich drei- bis viermal in der Woche angerufen wurde. »Hallo Bernd ... hier ist Markus. Markus Leitner. Wie geht es dir?« Ich konnte die Begrüßungsformel schon bald in- und auswendig. Obwohl ich sehr viel Verständnis für Menschen habe, die Geschäftspartner suchen, habe ich für mich entschieden: Dies ist keine gute Kontaktpflege.

Dieser Herr Leitner wollte, dass ich in sein Schneeball-Vertriebssystem mit einsteige. Obwohl ich sehr deutlich mein Desinteresse zum Ausdruck brachte, wollte er nicht von mir ablassen. Er hatte »sein Ding« im Kopf und »wenig auf dem Schirm«, was ich wollte bzw. nicht wollte. Seine Verbindlichkeit und seine sehr persönliche Ansprache wirkten sehr schnell nicht mehr echt. Und nach kurzer Zeit schien er mir fast einen amerikanischen Akzent bei seiner immer gleichbleibenden Begrüßungsformel zu haben.

Win-win-Situationen

Bei einem Kontakt geht es immer auch darum, dass beide Beteiligten zu ihrem Vorteil kommen. Das bedeutet aber, dass – wenn ich etwas von jemand möchte – ich ihm möglicherweise auch darstellen muss, welches sein Gewinn bei dieser Sache ist. Der Gewinn im geschäftlichen Bereich lässt sich oft sehr gut definieren. Im privaten Bereich ist das schon subtiler. Da kann es ein Gewinn sein, dass ich schöne Gespräche führe, etwas dazulerne oder mir mein Gegenüber verhilft, in einer wichtigen Angelegenheit weiterzukommen. Aber egal, ob Freundschaft, Beruf oder Liebe: Beide Beteiligten wollen etwas davon haben!

Ist dies nicht der Fall, entsteht ein Ungleichgewicht, das häufig zu einer Störung des Kontaktes führt. Bei dem einen geht das schneller, beim anderen dauert es etwas länger – je nach Ausprägung der Eselsgeduld, der Opfermentalität oder dem Verständnis auf der anderen Seite. Ich hatte auf jeden Fall bald genug und wimmelte Herrn Leitner kurz angebunden ab, wenn er sich wieder meldete.

Ich erinnere mich nicht, je bei Martin ein Notizbuch mit Telefonnummern auf dem Markt gesehen zu haben. Das wäre ja auch absurd. Aber viele seiner Kunden kommen Jahr für Jahr zu ihm und Martin erkennt sie wieder. Mehr muss er nicht tun. Auf seine Weise ist er verbindlich und erinnert sich bei manchem Menschen noch an deren Hintergrund. Nicht immer braucht es Visitenkarten, um einen Kontakt zu pflegen. Sollte Martin aber eines Tages über die Situation »Weihnachtsmarkt« hinaus denken wollen, müsste er sicherlich beginnen, manche Adresse zu notieren und manche Kontakte zu kultivieren.

Gute Kontaktpflege

Wie sieht eine gute Kontaktpflege aus? Erst einmal – das ist die Grundvoraussetzung – ist es wichtig, dass beide Beteiligten den Kontakt wollen, das heißt, dass sie das Gefühl haben, irgendeine Form von Gewinn daraus zu ziehen. Will nur einer den Kontakt pflegen, bedeutet dies oft, dass er der anderen Person hinterherhetzt und sich der andere bedrängt fühlt. Wollen ihn beide nicht wirklich pflegen, dann wird der Kontakt bald im Sand verlaufen. Soll der Kontakt also halten, dann müssen beide es wollen, wobei meist einer den Anfang der Kontaktintensivierung macht. Das kann durch eine Postkarte, eine Mail oder einen Anruf geschehen. Diese erste Kontaktaufnahme ist dafür da, um sich zu versichern, ob auch der andere den Kontakt möchte.

Frauen sind da häufig offener als Männer, das bekomme ich regelmäßig bei meiner Frau mit. »Das war so nett mit Ihnen«, belausche ich die Telefongespräche mit einem Ohr. »Sollen wir das nicht bald mal wiederholen?« Nicht vielen Männern gelingt es, ihre Zuneigung gegenüber einem anderen Mann in solch offener Form auf der Zunge zu tragen. Männer »machen« lieber etwas zusammen: Man verabredet sich zum Golf, Sport oder zum Lunch. Dann wird noch einmal geschnuppert, und bevor die ersten privaten Details zu hören sind, wird es vermutlich noch einmal eine Weile dauern. Männer und Frauen »kontakten« eben auf unterschiedliche Weise. Nehmen wir es, wie es ist, und pflegen es auf unsere geschlechtsspezifische Art.

Überlegen Sie in einer stillen Minute (zum Beispiel jetzt!), wie Sie Ihre Kontakte halten. Senden Sie ab und zu mal Grüße oder verschicken Sie Zeitungsartikel, die für Ihr Gegenüber interessant sein könnten? Oder melden Sie sich manchmal ohne bestimmten Grund? Einfach so, um zu zeigen, dass der andere Teil Ihres Lebens ist?

Kontaktpflege bedeutet, sich immer mal wieder an den anderen freudig zu erinnern und ihm deutlich zu machen, dass man an ihn denkt. Das kann ein Postkartengruß sein, ein Buch oder Artikel, den man schickt, ein Anruf, eine SMS, eine E-Mail oder eine Einladungskarte für ein Event.

Auch hierbei geht es um echtes Interesse, das der andere spüren will. Selbst in einer SMS oder E-Mail wollen Menschen in ihrer Individualität und Persönlichkeit wahrgenommen werden und möchten nicht irgendwelche allgemeingültigen »Postwurfsendungen« erhalten. Ob und wie der andere darauf reagiert, daran erkennen Sie, wie die Kontaktbedürfnisse der Gegenseite beschaffen sind.

Das Wort »Pflege« bedeutet ja, sich um etwas kümmern. Und zwar so freundlich, dass der andere sich in seinen Grenzen nicht verletzt oder zu »bekümmert« fühlt. Für Mutti- oder Vati-Allüren ist in der Kontaktpflege wenig Raum. Ich reagiere in der Regel etwas befremdet, wenn ich zum Beispiel lese: »Pass gut auf dich auf!«, oder: »Mach langsam«, und ich den Absender dieser Nachricht nur sehr flüchtig kenne. Meine Frau und Freunde dürfen mir so etwas gelegentlich mal sagen, aber Bekannte oder Netzwerkkollegen ...?

Kontaktpflege lässt dem anderen Raum und zollt ihm den Respekt, der ihm gebührt. Zu große Intimitäten, mütterliche Ratschläge oder väterlich wirkende Hinweise untergraben Kontakte zwischen erwachsenen Menschen. Zeigen Sie dem anderen, dass Sie ihn achten, und nehmen Sie wahr, wie viel Distanz und Behutsamkeit dieser Mensch in der Annäherung braucht.

Kontakte knüpft man auf Partys, Festen und Events. Und natürlich bei Seminaren, Schulungen oder Tagungen. Manchmal werden Kontakte auch in München auf der Wies´n geknüpft und gelegentlich halten diese über eine Nacht hinaus. Auch der Kölner Karneval ist sicher mehr als Verkleidung, Spaß und Schunkeln. Ich gehe sogar davon aus, dass sehr viele geschäftliche Verbindungen auf diesem besonders zwanglosen Weg entstehen. Menschen treffen sich, sprechen und lachen miteinander, und dann ist irgendwann dieser Moment vorbei und man weiß: Ich muss nun ein Schlusswort sprechen. Verabschiedungen sind in diesen Augenblicken oft nicht leicht. Was sagt man? Wie stellt man es an, dass man nicht gleich vergessen wird?

Verabschiedungen

»Sie melden sich bei mir? Ganz sicher? Oder warten Sie, besser, ich melde mich. Nur um sicherzugehen. Ich bin nämlich nächste Woche viel unterwegs.«

Oje. Würden Sie sich melden? Am Ende noch freudig und gut gelaunt? Oder würgt Sie der Griff des anderen bereits leicht am Hals? Ist das ein Kontakt oder eine Verhaftung? Warum zieht der andere denn nur so an den Zügeln? Sie wollten freiwillig mitgehen und nun erinnert Sie alles an die Pubertät und Vorwürfe wie: »Warum meldest du dich nie?«, oder an Einladungen wie: »Ich will dich ganz kennenlernen.«

Sich von neuen Kontakten wieder zu verabschieden bedeutet, dass man sich wieder loslässt, obwohl das Band, das gerade geknüpft ist, noch zart und fein gewebt ist. Es kann zerreißen. Beide Partner müssen damit rechnen. Sie gewinnen Menschen aber unbedingt, wenn Sie trotz allem die Zügel locker lassen und darauf vertrauen, dass bei einer neuerlichen Begegnung wieder »der Draht« entsteht, den Sie hatten. Mit diesem Verhalten zeigen Sie, dass Sie Vertrauen ins Leben, in den anderen und in Beziehungen haben. Sie müssen nicht ziehen und zerren, der Kontakt entsteht und verfestigt sich von allein – wenn er sich verfestigen soll. Geben Sie sich also die Hand zum Gruß oder hinterlassen Sie Ihre Visitenkarte und vereinbaren Sie kurz, wie Sie es beide mit der Kontaktpflege halten wollen.

Zur Kontakt- und Beziehungspflege gehört, wie gesagt, Vertrauen. Vertrauen ist die kleine und große Schwester in dieser Angelegenheit. Vertrauen macht, dass Sie sich sicher fühlen und sich auch sicher geben. Menschen, die sicher sind, werden gemocht. Jemand, der das Gefühl verströmt, dass Sympathie und Freundschaft nicht zeitlich begrenzt sind, strahlt Ruhe und Verlässlichkeit aus. Er vermittelt das Gefühl, dass der Kontakt auch dann weiter bestehen kann, wenn erst mal eine kleine Pause stattfindet, und dass er sich an den anderen auch dann noch erinnern wird, wenn zwischen den beiden Kontaktaufnahmen die großen Ferien liegen.

Können Sie spüren, wie so etwas entspannt? Herrlich, keiner tritt einem auf die Füße und der Kontakt darf wachsen und gedeihen.

Es läuft Ihnen nichts weg

Auch nicht in der Kontaktpflege. Sie können sicher sein, dass wirkliche Kontakte bestehen bleiben und aktiver werden, wenn Sie die Pflege zaghaft angehen. Erinnern Sie sich, wie Sie es in der Liebeswerbung machen. Nicht mit der Tür ins Haus fallen, sondern die Verbindung peu à peu aufbauen. Manchmal ist das ein Gruß zur Weihnachtszeit und manchmal eine spontane Einladung zu einem Event, den Sie mit dem anderen Menschen in Verbindung bringen: »Ich erinnere mich, dass Sie eine Leidenschaft für Pferde haben. Hätten Sie nicht Lust, mit mir zur Reitergala zu kommen?« »Hatten Sie nicht erwähnt, die Buchmesse sei für Sie ein lang gehegter Traum? Was halten Sie von einem gemeinsamen Tag in Leipzig oder Frankfurt?«

Suchen Sie die gemeinsame Zeit, aber rennen Sie ihr nicht hinterher. Wenn es dreimal nicht glückt, lasse ich die Fäden hängen. Zur Kontaktpflege gehören immer zwei. Nun soll sich der andere einmal was einfallen lassen ... Nicht selten kommt genau dann eine Mail oder SMS von der Gegenseite.

Für die Kontaktpflege ist das richtige Maß wichtig. Menschen wollen sich weder bedrängt noch vernachlässigt fühlen. Jeder der Beteiligten hat das Recht, einen Gewinn aus der Beziehung zu ziehen.

Kein Anschluss unter dieser Nummer – Wenn Kontakte nicht glücken

Wenn Sie Menschen für sich gewinnen möchten, müssen Sie auch damit leben, dass sich manche von ihnen nicht gewinnen lassen wollen. Sie blitzen dann ab, bleiben links liegen, der Kontakt bricht ab oder Sie fühlen sich sogar wirklich abgelehnt. Wir können alles versuchen, damit Menschen unsere offene Tür sehen und in unser Leben treten, aber wir können niemand dazu zwingen.

Es gibt unterschiedliche Gründe, die einen anderen Menschen dazu veranlassen, sich gegen den Kontakt mit uns zu entscheiden. Manchmal ist das sogar gut und der Himmel hat uns – während wir noch klagen, wütend oder verzweifelt sind – vor einem unguten Kontakt geschützt. Wir wissen nicht, wie sich Dinge entwickeln, und auch von Verbindungen haben wir zwar eine Idee, aber ob diese stimmt, liegt für uns oft komplett im Dunkeln. Manchmal scheint ein Kontakt fruchtbringend, wunderbar oder einfach nur sinnvoll zu sein, allein der andere sieht es nicht so. Oder es kommt zu einer Begegnung, die aus Gründen, die wir nicht kennen, mit einem Mal versiegt und nicht mehr zu beleben ist.

Die unterschiedlichsten Ursachen können zu einem Kontaktabbruch führen: Fehltritte, falsche Informationen, negative Eindrücke, Enttäuschungen oder schlicht und ergreifend die Tatsache, dass der andere einfach kein Interesse (mehr) an uns hat. Besonders in der Liebe ist dies schmerzvoll. Da hat etwas so romantisch begonnen und nun ist alles wie abgerissen und es kommt keine Verabredung mehr zustande. Hat man bis vor Kurzem noch nächtens telefoniert, verhallt nun die Botschaft auf Anrufbeantwortern und keiner ruft zurück. SMS und Mails bleiben unbeantwortet und vielleicht weiß man nicht einmal, warum. Einfach vorbei.

Menschen für sich gewinnen zu wollen, birgt immer die Gefahr, dass wir auch Enttäuschungen erleben. Es gibt keine Garantie in der zwischenmenschlichen Begegnung, und dies bezieht sich sowohl auf Menschen, die uns nicht liegen, wie auch auf Menschen, für die wir tiefe Gefühle entwickeln könnten. Der unsympathische Typ kann sich zum verlässlichen Freund entwickeln und der liebende Verehrer zum »Kotzbrocken«. Alles ist drin in diesem Spiel. Die Gefahr, dass Sie zu viel oder zu wenig in eine Verbindung interpretieren, besteht immer. Deswegen ist es gut, das Interpretieren besser zu lassen und lieber zu schauen, was sich wirklich zeigt.

Stürzen Sie sich nicht mit jugendlichem Elan und offenem Herzen auf jemanden, den Sie kennenlernen wollen. Erzählen Sie nicht sofort alles, sondern bleiben Sie offen und nehmen Sie wahr. Das bedeutet, plaudern Sie nicht, sondern stellen Sie Fragen und hören Sie den Antworten sorgsam zu.

Nicht alle Menschen gehen sorgsam mit anderen Menschen um. Das bezieht sich auf das, was einem anvertraut wurde, bis hin zum Umgang und der Pflege des Kontaktes. Ablehnung ist ein unschönes Gefühl. Es bedeutet, da hat sich eine Erwartung nicht erfüllt, wir stehen da und etwas zieht von uns fort und entzieht sich damit unseren Möglichkeiten und unserem Einfluss. Für manche Menschen ist Ablehnung ein ganz schreckliches Gefühl, weil sie sich dann verwundet und ausgegrenzt fühlen. Egal ob es dabei um einen entgangenen Job geht, eine unerfüllte Liebe, die Traumwohnung ein anderer bekommen hat oder ob ihnen bei Ebay etwas weggeschnappt wurde.

Nicht alle Ablehnungen betreffen Sie persönlich

An diesen Beispielen können Sie erkennen, dass Ablehnung manchmal etwas mit der eigenen Person zu tun hat, manchmal aber nicht. Wenn Sie in einem Bewerbungsgespräch nicht das erreichen, was Sie erreichen wollten, kann das Gründe haben, die mit Ihnen zu tun haben. Es muss aber nicht zwangsläufig so sein. Sie haben diese Führungskraft, dieses Team nicht für sich gewinnen können. Etwas hat sich verhakt, war lau oder störend. Vielleicht hat aber auch das Unternehmen nicht zu Ihnen gepasst. Leider werden Ablehnungen oft nicht oder nur fadenscheinig begründet. Manchmal würde eine Erklärung Menschen die Ablehnung erleichtern. (»Ah so, Sie haben jemand genommen, der auch noch fließend Russisch spricht, weil ein Werk in der Ukraine in Planung ist.

Das ist schade, aber na gut, nichts zu machen.«) Manchmal könnte man daraus auch lernen. (»Blöd, ich hab nicht gesagt, dass ich gerade privat Russisch lerne. Beim nächsten Gespräch erwähne ich das aber!«) Auch wäre es möglich, an der eigenen Wirkung zu feilen und diese zu verbessern. Mit kurzen Absagen wie »Leider haben wir uns für einen anderen Bewerber entschieden ...« steht nur das Nein im Raum und wir müssen zusehen, wie wir damit klarkommen und unsere Wunden lecken. Immer wieder tauchen aber die Fragen auf:

- Wieso nicht ich?
- Was habe ich falsch gemacht?
- Habe ich etwas übersehen?
- War ich unhöflich?
- Oder am Ende unwissend?

Da die Gründe der Ablehnung oft nicht bekannt sind, kann es passieren, dass Menschen, die abgelehnt wurden, darüber nachdenken, was sie noch tun können, um den Kontakt zu retten. »Ist noch Spiel drin?«, fragen sie sich. Meistens nicht. Ein Nein bedeutet ein Nein. Sie kennen es sicher selbst aus verschiedenen Vorstellungsgesprächen und gescheiterten Liebesbeziehungen: Wirklich etwas reinzuholen »ist« dann nicht mehr. Im zwischenmenschlichen Bereich wie im engen Freundeskreis klappen zweite Aufgüsse selten. Was nicht bedeutet, dass sie grundsätzlich nicht gelingen können. Auch ich habe nach Jahren der Trennung Freundschaften neu beleben können. Doch zwischendrin war einfach Pause. Offenbar sind diese Pause und dieser Abstand nötig, damit etwas Neues entstehen kann. Nach einer Weile begegnet man sich frisch und die Karten sind neu gemischt. Die Welt hat sich gedreht, beide Seiten sind älter geworden und haben dazugelernt, und nun ist es möglich, die Fäden neu aufzugreifen. Selbst Streitigkeiten, bis hin zu Auseinandersetzungen vor Gericht, können dann lachend vom Tisch gewischt werden. »Mensch, waren wir blöd! Jetzt aber noch mal neu!«, heißt es dann oft.

Unser Gestaltungsspielraum ist begrenzt

Kontakte sind nur bedingt berechenbar. Sowohl was ihren Erfolg als auch ihren Misserfolg angeht. Und erst recht, wenn es darum geht, einen Knoten zu entwirren. Lassen Sie sich also neugierig und wagemutig auf das Spiel der Kontakte ein. Sie können immer noch gewinnen, selbst wenn Sie erst mal verloren haben.

Im Moment der Ablehnung merken Sie das nicht. Es beruhigt Sie nicht, dass es später einmal klappen könnte, wenn der Kontakt eben gerade geplatzt ist. Sie nehmen den Bruch persönlich, und genau das sollten Sie nicht tun. Selbst wenn es sich um so etwas Intimes wie eine gescheiterte Liebesverbindung handelt. Vielleicht hilft es, wenn wir uns anschauen, welche Arten der Ablehnung es überhaupt gibt:

- Ablehnung aus sachlichen Gründen
- Ablehnung aus persönlichen Gründen
- Ablehnung aufgrund Ihrer Person
- Ablehnung aufgrund von Zeit und/oder Ort

Ablehnung aus sachlichen Gründen

Bei den sachlichen Gründen ist es klar: Nicht Sie oder Ihre persönliche Struktur stehen im Fokus des Geschehens, sondern eine Sache. Es ist also Energieverschwendung, darüber nachzudenken, wie man sich hätte besser »verkaufen« können. Das gilt besonders dann, wenn sich herausstellt, dass Sie einem bestimmten Profil nicht entsprechen, wie etwa bei einer Stellenausschreibung. Man kann einen Ackergaul in kein Zirkuspferd verwandeln. Und wenn jemand aus Bonn bevorzugt wird, dann eben aus Bonn und nicht aus Cuxhaven. Sie könnten freilich umziehen, aber es ist die Frage, ob Sie sich auf Dauer so verbiegen wollen, nur weil es ein Angebot gibt, das Sie reizt und das Sie gerne wahrnehmen würden. Viele Menschen wechseln permanent ihren Wohnort und finden dieses Leben modern und attraktiv. Sie müssen aber selbst entscheiden, ob Sie wirklich ein »Nomade« sein wollen. Sachliche Ablehnungen haben also nichts mit Ihnen zu tun, und es ist gut, wenn Sie das verinnerlichen.

Um ein weiteres Beispiel zu nennen: Wenn Menschen mit Schreiben beginnen, sind sie oft sehr zaghaft. Dann liegt so ein Manuskript fertig da und sie schicken es mit Herzklopfen und zarter Hoffnung an die Verlage, die sie kennen. Dafür gehen sie ans Buchregal oder fragen Freunde. Zurück kommen Absagen. »Vielen Dank, aber Ihr Manuskript passt nicht in unser Programm«, bekommen sie zu lesen und sind enttäuscht. Bestimmt will man mir zwischen den Zeilen damit sagen, dass ich nicht schreiben kann, denken sie sich zerknirscht und beschließen, nie wieder ein Manuskript zu versenden.

Wenn Sie aber ein Kochbuch an einen Krimiverlag senden und Ihre Reisebeschreibungen an einen Verlag, der Wirtschaftsbücher macht, kann zwangsläufig nur eine Ablehnung folgen, denn das Manuskript passt tatsächlich nicht in deren Programme. Meist wurde das Manuskript nicht mal gelesen, eben weil allein schon das Thema nicht infrage kommt. Die Ablehnung hat hier rein sachliche Gründe und hat weder mit dem Autor noch dem Manuskript zu tun. Doch viele Autoren sind beschämt und nehmen sich vor, am besten nichts mehr zu schreiben. Sie wissen nicht, dass nur der Vorgang nicht stimmte. Weil sie fachfremd sind und nicht in andere Köpfe blicken können.

Was sachliche Entscheidungen für uns so problematisch und schmerzhaft macht, ist, dass wir sie oft in persönliche Entscheidungen verwandeln. Wir riechen Unrat und überlegen, ob es noch eine zweite Botschaft gibt, welche die ablehnende Person aus Feingefühl oder Furcht vor uns verschweigt. Diese zu kennen, täte vielleicht weh, aber vielleicht gäbe die Information der Ablehnung auch einen neuen Anstoß und wäre fast so etwas wie ein Pflaster auf unsere Wunde. Das Nachdenken darüber bringt Sie aber nicht weiter, wenn diese Information nicht kommt.

Es klingt vielleicht sehr einfach, aber ich empfehle Ihnen: Hören Sie auf, hinter sachlichen Ablehnungen nach persönlichen Aspekten zu forschen. Entweder jemand sagt Ihnen diese Gründe oder er sagt sie Ihnen nicht. Sie haben Ihren Beitrag gegeben und das war mutig und bedeutet schon eine ganze Menge.

Menschen – also auch Sie – handeln in der Mehrzahl der Fälle, und besonders dann, wenn sie etwas erreichen wollen, mit der besten Absicht und dem bestmöglichen Verhalten. Sie haben alles gegeben, was Sie geben konnten. Aus welchen Gründen auch immer hat es nicht gepasst oder nicht gereicht. Das kommt vor. Über die verschüttete Milch nachzudenken macht keinen Sinn und führt nur dazu, dass Sie eine überkritische Diskussion mit sich beginnen. Diese Kritik, da überkritisch, ist nicht wohlwollend und hilft Ihnen nicht weiter. Überlegen Sie stattdessen, was Sie bereits ganz gut gemacht haben und wie dies das nächste Mal noch besser gelingen kann.

Ablehnung aus persönlichen Gründen

Manchmal passt es eben nicht. Sie haben Ihr Bestes gegeben, waren freundlich, zuvorkommend und höflich, oder Sie haben versucht, der Stimmung etwas mehr Kontur zu verleihen und waren entsprechend selbstsicher und deutlich. Die Person, die Sie für sich gewinnen wollten, hat nicht darauf reagiert. Als würden Sie versuchen, ein Seil mit einem Steighaken in einen Berg zu werfen, aber der Haken rutscht immer wieder ab. Haken und Berg passen nicht zusammen.

Es kommt vor – und nicht zu selten –, dass es persönliche Gründe sind, warum diese Kontakte nicht gelingen. Jeder Mensch ist anders und hat von daher auch andere

Vorlieben im Umgang oder wie er angesprochen werden möchte. Sie können das aber nicht immer wissen! Und dann gehört auch noch eine gewisse Art von Magie des ersten Augenblicks dazu, die darüber entscheidet, ob Sie diesem Menschen angenehm sind oder ihm vielleicht nicht liegen. Das entscheidet sich sehr schnell und kann auch daran scheitern, dass Sie etwas in Ihrer Art oder Ihrem Auftreten haben, was dem anderen prinzipiell nicht liegt. Ich meine damit nun nicht Etikette, sondern Ihre *Natur*. Vielleicht ist es Ihr Lachen, das dem anderen zu laut oder zu leise ist, Ihre Stimme, Ihre Art, Sätze zu bilden, bis hin zu bestimmten Einstellungen, zum Beispiel religiöser oder politischer Art. Die Puzzlesteinchen passen nicht, es klemmt. Das ist nicht weiter schlimm, denn immer wieder passiert es ja auch, dass wir uns *gegen* einen Kontakt entscheiden. Auch Sie möchten und können nicht mit allen Menschen. Zuweilen ist es auch der Moment und oft genug die eigene Stimmung oder Lebenslage, die das Gegenüber zu einem angenehmen oder unangenehmen Menschen macht.

Was immer es auch ist. Im Augenblick der Ablehnung können Sie daran nichts ändern, sondern müssen die Reaktion hinnehmen, wie sie kommt. Vielleicht wird sich der Wind noch einmal drehen, oder es passiert etwas, was Sie in einem besseren Licht erscheinen lässt. Im Moment geht aber leider nichts oder nur sehr wenig.

Was können Sie nun tun, damit der Frust darüber nicht zu einer Art von Depression wird? Ich habe ja bereits gesagt, dass es später eventuell eine Gelegenheit geben wird, in der Sie sich in einem besseren Licht präsentieren können. Das zeigt, dass es neben allen Sympathien und

Animositäten etwas gibt, was Kontakte von außen – also außer Ihrer selbst – bestimmt. Sie haben keinen Einfluss darauf, wenn Ihr Gegenüber allergisch auf Ihren Dialekt reagiert. Er ist eine Facette Ihrer Persönlichkeit – aber er macht nicht Ihre ganze Persönlichkeit aus. Gut möglich, dass Sie es nicht mal erfahren, dass es der Dialekt war oder die Art, wie Sie sprachen.

Ich hatte einmal Kontakt mit einer Ärztin, die ich insgesamt schon als recht verschroben erlebte und die mir dann noch gegen das Gemüt ging, weil sie in unserem Gespräch jeden neuen Gedanken mit »sozusagen« einläutete. Und diese Frau hatte viele neue Gedanken im Lauf eines Gesprächs ...! Ihre Persönlichkeit lag mir nicht, obwohl sie fachlich vielleicht wirklich gut ist. Das »sozusagen«, auf das ich sozusagen permanent wartete, verhinderte, dass ich wirklich zuhörte. Es hat also zwischen uns nicht gefunkt. Na gut. Das gehört zu diesem Spiel.

Dramatisch – und zwar für Sie – wird es nun, wenn Sie eine solche Ablehnung persönlich nehmen und sich mit Ihrer ganzen Person abgelehnt fühlen. In diesem Fall beginnen Sie an sich zu zweifeln und zu feilen und sind nicht mehr offen, den Kontaktversuch lässig und aus der Distanz zu nehmen. Sie haben vielleicht eine Chance verpasst – zumindest stellt sich das augenblicklich für Sie so dar. Aber das heißt nicht, dass Sie diese hätten wahrnehmen können, wenn Sie dialektfrei und ohne Füllwörter gesprochen hätten. Dann wäre es vermutlich etwas anderes gewesen, was den Kontakt verhindert hätte. Denn wir kommen nicht aufgrund *eines* Wesenszuges mit einem anderen Menschen nicht in Kontakt, sondern weil er verschiedene Wesenzüge hat, die uns nicht gefallen. Nur trat eben der eine besonders deutlich hervor. Nehmen Sie es wie zwei Magnete, die unterschiedlich gepolt sind und einfach nicht zusammenpassen, und freuen Sie sich, dass das gleich deutlich wurde. Jetzt haben Sie noch nicht so viel Energie investiert.

Ablehnung ist aber auch nur scheinbar eine Entscheidung des anderen. Nehmen Sie einen ganz normalen, herkömmlichen beruflichen Kontakt. Jemand kann Sie ganz offenbar nicht leiden. Und Sie? Erwidern Sie ein Gefühl in dieser Art? Magnete stoßen sich gegenseitig ab, und nicht der eine den anderen ...

Ablehnung aufgrund Ihrer Person

Sie merken vielleicht schon, wie sich Person und persönlich in Kopf und Seele miteinander vermischen. Jemand lehnt Sie ab, weil Sie zu groß, zu dick oder zu dünn sind und Sie ein Goldkettchen dort tragen, wo der andere lieber Silber sieht. Sie passen nicht ins Bild. Basta und deswegen »weg« mit Ihnen. Höchstwahrscheinlich werden Sie die Gründe für die Ablehnung auch in diesem Fall nicht erfahren, nur dass es mit Ihnen persönlich nichts zu tun hatte, aber Umstände und Verbindungen einfach nicht zusammenkamen. »Das hat nichts mit Ihnen zu tun«, wird man Ihnen vielleicht sagen, »aber Frau B. passte besser ins Schema, das wir haben.« Kurzum: Ein Lebkuchenfrauchen hat schönere Rosinenaugen als das andere.

Was nun häufig passiert, ist, dass wir solche Ablehnungen trotzdem persönlich nehmen. Und das schnürt uns die Seele zusammen. »Warum«, fragen wir uns, »sieht keiner meine runden Rosinenaugen? Wieso haben Sie meinen schönen Mandelmund nicht gesehen und dass ich so schön durchgebacken bin? Vielleicht habe ich ja auch gar keine runden Rosinenaugen und keinen schönen Mandelmund? Und durchgebacken bin ich vielleicht auch nicht, sondern fühle mich nur so?«

Selbstzweifel und Unsicherheit beginnen am eigenen Selbstwert und der Selbstsicherheit zu nagen. Wenn das passiert, heißt das, dass sie Sie sich selbst wenig in der Situation unterstützen.

Ihre Person passte nicht, das kann verschiedene Gründe haben. Von der Haarfarbe bis zur Art, wie Sie die Arme ineinander verschränken. Oder Sie tragen eine Kleidermarke, die Ihr Gegenüber hasst, oder Sie verwenden ein Parfum, das Ihr Gegenüber an einen Menschen erinnert, mit dem er Probleme hatte. Es ist nicht Ihre Persönlichkeit, sondern nur Ihre Person, und die dient oft dem anderen als Spiegel: als Spiegel seiner selbst, als Spiegel seiner Person, als Spiegel einer Situation, die er erlebt hat. Sie erinnern ihn an etwas oder er hat sich etwas anderes vorgestellt. Schwamm drüber und weg damit. Halten Sie sich nicht damit auf, denn Sie werden die Situation nicht ändern und waren die falsche Frau oder der falsche Mann zur falschen Zeit am falschen Platz. Versuchen Sie nun tröstend mit sich umzugehen und sich über die Ablehnung hinwegzuhelfen.

Erinnern Sie sich an eine Situation, in der ein Kontakt gescheitert ist. Wie waren Ihre Gefühle damals? Wie sind sie mit ein wenig Abstand heute? Was haben Sie aus der Situation gelernt? Was können Sie mitnehmen und auf andere Situationen übertragen? Gibt es etwas, auf das Sie stolz sind? Haben Sie vielleicht bald gemerkt, dass da was klemmt und nicht so aufgeht, wie Sie es sich erhofften? Bravo! Sie kommen den Voraussetzungen für gute Kontaktaufnahme immer näher. Bald schon werden Sie solche Verbindungen gar nicht mehr suchen. Oder haben Sie etwas herausgefunden, was Sie noch lernen können, damit Sie künftig besser in ein Schema passen? Wunderbar! Nun, da Sie wissen, was Ihnen fehlt, können Sie es sich holen.

Nehmen Sie eine Ablehnung wie eine Rolle beim Theater, die nicht oder noch nicht passt. Es hat mit Ihnen persönlich nichts zu tun. Das Stück stimmte nicht, die Region nicht, die Rolle passte nicht zu Ihnen. Außerdem sind Sie Besseres gewohnt und haben Sie Besseres verdient als eine Absage auf lumpige Art.

Martin nimmt es nicht persönlich, wenn plötzlich niemand Maronen kauft. Er fragt sich:

- Stimmt der Ort noch, wo ich stehe?
- Können die Leute meinen Hut nicht mehr sehen?
- Sollte ich mir ein anderes Kostüm ausdenken?

- Eine bunte Brille auf die Nase setzen?
- Oder anstatt Maronen zukünftig Bratkartoffeln verkaufen?

Mit seiner Persönlichkeit hat der mangelnde Verkauf nichts zu tun, denn die kennen ja seine Kunden gar nicht.

Ein Vorgesetzter oder ein Besucher einer Veranstaltung kann gar nicht wissen, *wie* Sie sind. Schon gar nicht der Türsteher vor einem teuren Club. Er »scannt« Ihre Person, aber auf Ihre Persönlichkeit hat er keinen Zugriff. Und auf die kommt es ihm auch gar nicht an. Seine Vorgabe ist es, ein buntes Publikum an der Bar und auf der Tanzfläche zusammenzustellen, eines, dem man ansieht, dass es gerne verzehrt und das auch bezahlt. Nicht mehr und nicht weniger. Wenn *er* schon nicht mehr will, dann sollten auch *Sie* nicht mehr draus machen. Ihre Person ist äußerlich zu erkennen, Ihre Persönlichkeit ist unantastbar.

Ablehnung aufgrund von Zeit und/oder Ort

Als ich meine jetzige Partnerin kennenlernte, funkte es zunächst nicht. Überhaupt nicht, obwohl uns eine gemeinsame Freundin in der besten Verkupplungsabsicht sogar zu einem Abendessen eingeladen hatte. Es brauchte noch Jahre, bis der Funke übersprang. Die Einladung zu dem Essen war eine wunderbare Idee unserer gemeinsamen Freundin, aber wir gingen auseinander, ohne an einem intensiven Kontakt interessiert zu sein. Beide nicht. Ich war gebunden und meine jetzige Partnerin war gerade frisch getrennt und hatte alles andere, aber keine feste Beziehung im Sinn. Wir trafen uns zur falschen Zeit.

Acht Jahre später – zwischendurch waren wir uns bei unterschiedlichsten Gelegenheiten ohne besondere Vorkommnisse immer wieder über den Weg gelaufen – machte es in einem beruflichen Kontext zwischen uns dann »Bingo!« Die Zeit war reif, wie man so schön sagt. Sie hatte ihr Single-Leben satt und ich war gerade im Begriff, meine Beziehung zu beenden. Wir hatten uns beide nicht wesentlich in unserer Persönlichkeit verändert, sondern es war der richtige Zeitpunkt, der zuvor immer der falsche gewesen war. Jetzt passte alles mit einem Mal.

»Alles zu seiner Zeit!«, weiß auch der Volksmund, und so kann es sein, dass Ihnen etwas nicht glückt, weil der Zeitpunkt nicht stimmt oder Sie diesen Menschen an einem anderen Ort ein zweites Mal treffen müssen.

Nicht immer und überall können wir unseren »Kopf durchsetzen« und werden unsere Bedürfnisse nach Kontakt erfüllt. Es gehören immer zwei dazu. Und es spielen noch andere Faktoren eine Rolle: Zeit, Ort, Befindlichkeiten der Beteiligten, Stimmungen etc. Das macht nichts. Aus jeder gescheiterten Situation können wir lernen, indem wir darüber nachdenken, worin unser Beitrag bestand.

Nach dem Kontakt ist vor dem Kontakt

Wenn Sie beruflich auf Menschen angewiesen sind, privat gerne Menschen um sich haben oder sie auch »brauchen«, weil Sie vielleicht ehrenamtlich agieren oder einen Verein leiten, dann sind Sie immer wieder auf der Kontaktsuche. Viele Menschen sind hier regelrechte »Sammler«. Sie lassen keine Gelegenheit aus, Menschen zu treffen, kennenzulernen und dann mit einem Stapel Visitenkarten erfolgsgekrönt nach Hause zu ziehen. Visitenkartenpartys locken mit der Idee von schnellen Kontakten und einer tollen Vernetzung. »Speed-Dating« hat längst auch in Businessklubs Einzug gehalten. Es wird im Minutentakt miteinander geredet, sich vorgestellt und dann sollen sich Geschäfte daraus entwickeln.

Wieder gibt es Visitenkarten. Die einen kleben eine Menge Visitenkarten in Alben oder heften sie in extra dafür gefertigte Ordner ab. Andere haben weniger Karten »erbeutet« und hüten diese überlegt und genau. Letztere sind auf Visitenkartenpartys und beim Speed-Dating weniger anzutreffen. Ich gehöre zu Letzteren. Vielleicht ist das antiquiert, vielleicht sollte ich – um Geschäfte zu machen – Visitenkartenpartys besuchen. Ich tue es trotzdem nicht. Mein Buch heißt ja auch, wie man Menschen für sich gewinnt, und nicht, wie man Visitenkarten sammelt. Es geht mir um mehr. Ich will, dass ich erinnert und erkannt werde, auch wenn mein Foto nicht auf meiner Visitenkarte in einem Album prangt. Ich freue mich, wenn jemand meinen Namen kennt und mein Gesicht damit in Verbindung bringt oder sich an eine Facette meiner Geschichte erinnert.

Denken Sie einmal nach: Welche Haltung haben Sie zu Kontakten? Ist es für Sie ärgerlich, eine Party zu verlassen und »nichts hat sich ergeben«? Wie wichtig sind Ihnen Telefonnummern und Visitenkarten? Sind Sie ein »Sammler« oder »Pfleger«?

Es geht hier um den kleinen, feinen Unterschied, den ich auf vielen Visitenkartenpartys nie erlebte. Solche Kontakte passieren mir persönlich zu schnell und ich weiß mit den Namen kurz danach nichts mehr anzufangen. Selbst wenn der Geschäftsmann, die Unternehmerin oder der Experte noch so seriös auf mich wirkte: Ich kenne ihn oder sie nicht, folglich werde ich weder noch einmal auf sie zugehen noch ihn weiterempfehlen. Ich empfehle grundsätzlich erst dann jemanden weiter, wenn ich einen Menschen wirklich kenne und seine Arbeit einzuschätzen weiß. Das braucht Zeit und auch mehr Gelegenheiten zur Begegnung. Ich muss mich mit diesem Menschen beschäftigen. Damit ich möglichst viel von ihm erfahre, muss ich ihn im besten Sinne kennenlernen. Und wenn das Interesse mehr bei mir als bei ihm liegt, muss ich ihn tatsächlich für mich gewinnen. Alle Chancen und Fragezeichen sind im ersten Kontakt schon als Keim gelegt.

Jeder Tag ist für Martin neu, denn an jedem Tag hat er die Chance, neue Menschen kennenzulernen. Manche Menschen werden wieder kommen, andere nicht. Martin denkt nicht wirklich viel darüber nach. Er weiß, jeder Tag bringt ihm neue Kunden und damit auch interessante Menschen. Er kann sich darauf verlassen und muss nichts erzwingen.

Wenn es Ihnen um Kontakte geht, sollten Sie genau wissen, wie ernst Sie es damit meinen. Möchten Sie die Speed-Nummer oder bevorzugen Sie die ruhige Martin-Variante? Wie immer Sie auch auf Menschen zugehen: Ihren Signalen, die Sie senden, sollte eine Entscheidung, eine Überlegung zugrunde liegen. Wenn Sie Visitenkarten mögen, dann stecken Sie selbst genügend ein und sorgen Sie dafür, dass Sie ein System entwickeln, Ihre »Beute« gut zu verwalten. Wenn es Ihnen um wirkliche Kontakte geht, sollten Sie nach einem Kontakt reflektieren, egal ob er gut lief oder zögerlich. Da es schöner und fruchtbringender ist, über Erfolge nachzudenken, fangen wir mit diesen Reflexionen an:

- Was haben Sie getan, damit der Kontakt glückte?
- Was war Ihre Stärke in dieser Begegnung?
- Hatten Sie sich vorbereitet? Wenn ja, wie?
- Waren Sie spontan? Super! Auf was konnten Sie sich verlassen?
- Gibt es ein Verhalten, das Sie gerne noch einmal erproben wollen?

Das Spiel der Kontakte ist wie ein Match. Sie haben die Möglichkeit, Ihre Strategie zu erkennen, zu überprüfen, zu verbessern oder gänzlich zu erneuern. Nach dem Spiel ist vor dem Spiel – auch beim Kontakteknüpfen. Ist ein Kontakt nicht gut gelaufen, lassen Sie ihn los und überlegen Sie, was Sie das nächste Mal besser machen können. Wie gesagt, es gibt sehr viele Menschen auf dieser Welt!

Martin hat es etwas einfacher als Sie. Ob ein Tag erfolgreich war, erkennt er beim abendlichen Blick in die Kasse. Er weiß auch, was er selbst dazu beisteuerte, damit dieser Tag so gut war, wie er war. Denn nicht längst alle Menschen, die den Markt besuchen, kommen und kaufen auch Kastanien. Und längst nicht alle Menschen, die Kastanien kaufen, hatten auch wirklich Hunger. Sie kommen einfach an den Stand, weil sie Martin sehen, etwas erwarten und daraufhin einen kleinen Appetit verspüren. Ein »Och, ich könnt jetzt Maronen essen«.

Es ist nicht nur der Stand und der Duft der Maronen, sicher ist auch etwas an Martins Verhalten zu finden, das Menschen Lust auf Maronen macht, obwohl sie eben noch gar nicht an Kastanien dachten. Und es muss auch etwas mit Martins Verhalten zu tun haben, wenn Menschen *keine* Kastanien bei ihm kaufen, obwohl sie vielleicht gerade deswegen auf den Weihnachtsmarkt geschlendert waren.

Sie sind Teil der Kommunikation. Je bewusster Ihnen ist, was Sie wollen und wie Ihre Strategien im Einzelnen sind, um Ihre Ziele zu erreichen, desto stärker können Sie von Kontakten profitieren. Sie gehen dann nicht mit einem Stapel Visitenkarten heim, sondern nur mit einer oder zwei. Aber diese beiden sind genau die richtigen.

Die Gewissheit, nicht an Karten, sondern an Menschen interessiert zu sein, macht Sie gelassen. Sie wissen dann, dass es immer wieder Gelegenheiten geben wird, neue und interessante Menschen zu treffen.

Verlieben Sie sich in Menschen!

Nicht weil Sie eine Menge Sexualpartner suchen, sondern weil Sie Menschen lieben. Ein offenes Herz zieht Menschen an und Menschen zu mögen, macht es leicht, immer wieder aufs Neue auf sie zuzugehen. Egal was letzte Woche auch passierte, wie schräg ein Gespräch zu Ende ging: Sie mögen Menschen und können deshalb immer nur gewinnen. Es geht Ihnen nicht ums Geschäft, selbst dann, wenn dieses im Mittelpunkt der Kontaktaufnahme steht.

Vor der Kontaktaufnahme können Sie sich auf die Situation einstimmen, indem Sie überlegen, welche interessanten Menschen Ihnen bald begegnen werden.

Martin freut sich über jeden Menschen und jedes Kind. Alle sind anders und jeder Tag ist neu. Manche kommen ganz grimmig daher, andere sind sehr verschüchtert. Die Kinder geben ihm die Hand oder verstecken sie hinter dem Rücken ihres Vaters.
Martin sammelt Situationen. Zu Hause schreibt er manche Begegnung auf, denn er wird die meisten Menschen niemals wiedersehen. Aber vielleicht wird er einmal ein Märchenbuch schreiben, in dem ein paar dieser Menschen vorkommen. Kleine Philosophie mit Winterduft. Darüber denkt er manchmal nach und deswegen ist er

motiviert, Menschen zu begegnen und genau hinzuschauen. Jeder ist recht, weil jeder anders ist.

Das Leben bietet Ihnen sehr viele Möglichkeiten, Menschen zu treffen. Aber Sie müssen diese Gelegenheiten auch erkennen und wahrnehmen. Wenn Sie das tun, gibt es nichts und niemand, dem Sie auf der Spur sein müssen, und nichts kann verloren gehen. Entwickeln Sie Vertrauen darin, dass auch zwischenmenschliche Kontakte ein Spiel sind. Sie können gewinnen, Sie können verlieren, die nächste Chance biegt schon um die Ecke. Alles, worauf es ankommt, ist Übung. Trainieren Sie Ihre Kontaktfreude, Ihre Kontaktbereitschaft und Ihre Kontaktpflege jeden Tag aufs Neue und analysieren Sie Ihr »Spiel«. Das nächste »Tor« ist Ihnen damit schon sicher.

Menschen sind etwas Wunderbares – mit all ihren Ecken und Kanten. Nehmen Sie sich Zeit, sie wahrzunehmen, und lassen Sie sie nicht zu nützlichen Accessoires verkommen. Jeder ist es wert, gesehen zu werden.

Bleiben wir in Verbindung? – Kontakte über den Tag hinaus

Wenn Sie auch nur ein bisschen so romantisch veranlagt sind wie ich, dann würden Sie am liebsten jeden schönen Kontakt in Ihr weiteres Leben integrieren. Frei nach dem Motto: »Wir wollen niemals auseinandergehen ...« Die Gespräche waren so wohltuend, nutzbringend, intensiv. Es könnten sich so viele wunderbare Projekte daraus entwickeln. Oder das Seminar war so wegweisend. Man hat sich ausgetauscht und von anderen Menschen und Lebensgeschichten eine Menge mitbekommen. Und nun ist das Seminar zu Ende, das Fest vorbei, das Buch so gut wie gelesen. Abschied nehmen ist schwer, wenn man sich gerade gefunden hat und so viel Schönes damit verbindet.

Von manchen Menschen muss man sich trennen. Wohl oder übel. Manche Kontakte bleiben, andere nicht. So ist das Leben! In meinem Adressbuch finden sich einige Telefonnummern von Menschen, die ich einmal kennenlernen wollte oder die mich einmal kennenlernen wollten. Wir trafen uns dann auf einen Kaffee, führten ein Gespräch am Rande einer Veranstaltung oder ein Interview. Der Moment verging, aber die Verbindung blieb, und nun sind wir bekannt oder sogar befreundet.

Kontakte, die bleiben sollen oder sich gar in eine Freundschaft verwandeln, benötigen Liebe und Aufrichtigkeit. Je beschäftigter beide Menschen sind, desto wacke liger ist die ganze Angelegenheit. Trainer, Künstler und andere Vielreisende lernen ständig neue Menschen kennen. Darunter auch immer wieder welche, mit denen man in Kontakt bleiben möchte. Aber die Zeit und auch die Lebenszeit sind begrenzt. Nicht alle Kontakte kann man halten und nicht alle wandeln sich in Freundschaft.

Geht es um Liebe? Ich meine nicht nur die Liebe zwischen Mann und Frau oder gleichgeschlechtlichen Paaren, sondern die Liebe zwischen zwei *Menschen*. Zwei, die auf Anhieb oder bald nach einem Treffen spüren, dass sie miteinander ein Stück der Zukunft teilen möchten. Etwas, was sich im Herzen meldet und wie ein Ruf ist oder wie ein kleines Glöckchen klingt. Momente dieser Art sind wie Geschenke. Man trifft nicht so oft im Leben auf Menschen, mit denen man eine wahre Herz-zu-Herz-Verbindung hat und mit denen man eine Beziehung aufbauen kann oder möchte. Wenn es also so ist, dass dieser Ruf in Ihnen erklingt, dann sollten Sie alles dafür tun, damit sich dieser Kontakt stabilisiert und nicht wieder gleich verflüchtigt.

Jeder Kontakt hat seine eigene Qualität

Kontakte bleiben lebendig, wenn Sie diese Verbindungen lebendig halten. Natürlich sind Sie nicht alleine dafür verantwortlich. Wenn sich der andere nicht meldet und auf Angebote nicht reagiert, dann ist es Zeit, auch den schönsten Kontakt wieder loszulassen. Es hat dann eben nicht gepasst. Damit Freundschaft entsteht, müssen beide Beteiligten Signale geben und ihr Engagement zeigen. Da sich mein Buch nun aber an Sie richtet und nicht an Ihr Gegenüber und wir andere Menschen sowieso nicht ändern können, will ich lieber meine Gedanken in die Richtung schicken, in der Sie etwas bewirken und bewegen können. Und da stellt sich die Frage: Möchten Sie den Kontakt wirklich intensivieren? Sind Sie sich ganz sicher? Nur wenige Menschen sind einem wirklich sehr vertraut und nah. Manchmal verwechseln wir einfach etwas, oder ein Wunsch wird zum Vater eines Gedankens. Überdenken Sie also in einer ruhigen Minute, zu welcher Kategorie dieser neue Kontakt gehört.

- Handelt es sich um einen absoluten Premium-Elite-Kontakt? Ein Mensch, mit dem Sie Maronen stehlen würden? Soll dieser Mensch unbedingt in Ihrem Leben bleiben und Taufpate Ihrer Kinder sein? Wenn ja, dann müssen Sie dafür etwas tun, und zwar gleich.
- Ist es ein Kontakt, mit dem Sie beruflich gerne Pläne schmieden würden? Ein Kreativkopf, wie Sie vielleicht einer sind, oder ein Sportsfreund, der endlich mit Ihnen Ihre Kanuleidenschaft in Nebengewässern teilt? Das ist doch prima! Aber Sie brauchen diesen Menschen deswegen nicht täglich dreimal anzurufen. Vereinbaren Sie ein Projekt oder feste Trainingszeiten, aber lassen Sie ihn da, wo er hingehört, in einem festgelegten Bereich Ihres Lebens.
- Vielleicht soll dieser Kontakt Ihnen eine Tür öffnen oder etwas erklären, beibringen oder Ihnen anderweitig nützlich sein. Definieren Sie selbst, was Sie von diesem Menschen möchten, und gehen Sie dann bewusst drauf zu. Der Kontakt muss nicht erlöschen, wenn Ihr Wunsch erfüllt ist, aber vielleicht liegt er eine Zeit auf Eis. Bis zu

dem taufrischen Morgen, an dem einer von Ihnen beiden diesen Kontakt wiedererweckt, weil es einen bestimmten Grund dafür gibt.

- Haben Sie sich gut unterhalten, ein paar Bier, eine Flasche Wein geteilt, ein paar Anekdoten ausgetauscht und festgestellt, dass Sie über 250 Ecken ein und denselben Zeitungshändler kennen? Solche Abende braucht der Mensch. Lösen Sie am besten zwei Aspirintabletten noch vor dem Schlafengehen auf und vermeiden Sie verkaterte Treffen am Frühstücksbüfett. Sie werden sich sicher auch ohne Telefonnummern wieder treffen, denn die nächste Party kommt bestimmt.
- War die Begegnung herzlich und angenehm? Haben Sie Dinge gehört oder von Dingen gesprochen, die Ihnen aus der Seele sprechen? Gab es zwei oder drei Momente, in denen Sie eine deutliche Anerkennung spürten? Wie schön ... aber zu wenig für ein ganzes Leben. Kontakte, die sich intensivieren sollen, brauchen mehr als eine angenehme Atmosphäre und zwei oder drei erquickliche Momente. Freuen Sie sich darüber, dass es solche Treffen immer wieder gibt, und lassen Sie diesen Menschen dort, wo er hingehört, am begrünten Rand Ihres Lebenswegs.

Viele Kontakte glücken nicht, weil wir selbst nicht wissen, was wir wollen. Geht es um wirkliche Gemeinsamkeit oder nur um ein paar gemeinsame Momente? Je genauer Sie dies differenzieren können, desto weniger werden Sie enttäuscht werden. Enttäuschung stellt sich ja meist dann ein, wenn das, was wir erhalten, einer Erwartung oder einem diffusen Gefühl nicht ganz entspricht. »Das hatte ich mir ganz anders vorgestellt ... aber Moment mal, wie denn genau?« Wie es Ihnen ergeht, ergeht es auch dem anderen. Er ist unsicher und weiß nicht richtig, wie und was, weil er Botschaften empfängt, die eben nur lauwarm sind und irgendwie halbgar. Es vermittelt sich, wenn Sie selbst nicht wissen, was Sie wollen. Wie es in der Liebe ist, so ist das auch bei Kontakten. »Will er nun oder will er nicht?«, fragen sich zum Beispiel Frauen. Oder Männer denken: »Wenn sie mich treffen will, warum hat sie dann nie Zeit?«

In meinen Beratungen habe ich oft mit Menschen zu tun, die enttäuscht sind, weil sie etwas erwartet haben, was sie selbst nicht erklären können. Es ist ein diffuses Gefühl. Die Klienten erleben ein unreflektiertes »Komm her – geh weg«. Frage ich genauer nach, stellt sich oft heraus, dass die Situation aber genau passend ist. Im Gespräch zeigt sich, dass nicht nur das eigene Verhalten, sondern auch der Kontakt lauwarm ist. Unbewusst haben die Klienten ihre Kontakte also goldrichtig eingeordnet. Sie hatten nur das Gefühl, danebenzuliegen oder irgendeine Möglichkeit zu verpassen. Nun, da klar ist, dass sie sich mit diesem Menschen nur einen gelegentlichen Kontakt wünschen, können sie sich entspannen und diese Verbindung lose halten. Das entlastet nicht nur sie, sondern auch den anderen. Es ist nämlich anstrengend, wenn man spürt, dass da ein anderer etwas will, aber selbst gar nicht genau weiß, was es denn ist.

Je klarer Sie selbst Ihre Wünsche und Möglichkeiten kennen, desto klarer werden Sie auch agieren. Sie senden dann keine Botschaften aus, die Sie eigentlich so gar nicht meinen. Klarheit tut allen Begegnungen gut und deswegen sollten Sie so oft und so klar wie möglich sein. Das heißt aber nicht, dass Sie sich nicht auch vom Leben oder anderen Menschen immer mal wieder überraschen lassen sollten. Ich will damit sagen, dass wir es zulassen dürfen, wenn manche Verbindungen sehr lose sind und nicht fürs tägliche und lange Leben geschaffen sind.

Bis zum nächsten Jahr!

Martin ist manchmal mehrere Wochen auf einem Weihnachtsmarkt. Da er keine Pfannen verkauft, die man nur einmal kauft, kann es sein, dass er etliche Menschen häufiger, manche sogar jeden Tag trifft. Es gibt welche, die auf ihrem täglichen Heimweg bei ihm ein paar Maronen kaufen. Martin wechselt ein paar Worte und mit den Tagen kommt man sich immer näher. »Was machen Sie?« »Wohnen Sie hier?« »Ist Ihr Büro hier in der Nähe?« »Wie sieht Ihr Leben aus, wenn Sie nicht als Maronimann durch den Tag spazieren?« Martin bekommt über die Jahre von manchen Kunden Hochzeiten, Geburten und Todesfälle mit.

Und nicht nur mit manchen Kunden ist er bekannt, da sind auch die anderen Händler auf dem Markt. Die Frau mit den Tonfiguren, der Mann mit den Gürteln, der Kunstschmied und die Frau mit den schönen Seifenschalen. Immer wieder trifft man sich auf demselben Markt, denn die meisten Händler bilden so etwas wie eine Gemeinschaft. Selbst die, die nicht mehr handeln und auf Märkte gehen, kommen vorbei, um zu grüßen und sich wieder einmal zum Ende des Jahres zu sehen. Es gibt auch einen Stand mit Hüten. Dort kommen seit vielen Jahren Frauen vorbei, nicht nur, um einen neuen Hut zu kaufen, sondern um die aus den anderen Jahren vorzuführen. Es ist ein »Weißt du noch?« und »Kannst du dich noch erinnern?« Vielen Besuchern eines Weihnachtsmarktes bleiben diese verbindenden Momente verborgen. Es ist Geschäft an diesen Tagen, aber längst nicht nur.

Wie schön oder chaotisch es auch war, Martin muss am 23. Dezember sein Feuer im Ofen löschen und die letzten Maronen werden schnell verteilt. Die Saison ist vorbei und alle gehen nun nach Hause. Er sammelt keine Visitenkarten ein und ist nicht erpicht darauf, sich mit den verschiedenen Kunden zu treffen. Er lässt los und lässt sie ziehen. Wie auch er weitergeht.

Bitte lass uns in Verbindung bleiben!

Doch dann passiert es auch immer mal wieder, dass Martin jemanden die Hand reicht und spürt: »Wir lassen uns so schnell nicht wieder los.« Wenn das so ist, dann erweist sich Martin als sehr verlässlich. Er ruft an, er schickt kleine Grüße, immer wieder mal eine SMS und natürlich Mails. Er fragt nach, ist da und gibt die Möglichkeit, an seinem Leben teilzunehmen. Der Kontakt verfestigt sich und Martin lässt sich auch hinter die Kulissen blicken. Die Momente, wenn er den Hut ablegt und einfach ein Martin ist, der Freuden, Sorgen und Nöte wie alle anderen Menschen auch hat. Gute und schlechte Tage teilt man nicht nur in einer Ehe, sondern auch in Beziehungen. Besonders dann, wenn sie wirklich ernst gemeint sind.

Diese Verbindungen brauchen Liebe und Zeit. Rufen Sie nicht schnell aus dem Auto an, sondern setzen Sie sich für diese Gespräche auf die Couch. Schreiben Sie keine Weihnachtskarten, wie sie an Ihre Kunden verschickt werden (nur eben mit einem persönlichen Halbsatz mehr). Ist Ihnen dieser Mensch wirklich wichtig, müssen Sie den Kontakt pflegen und etwas dafür tun. Aber Belohnung ist Ihnen sicher. Und manche Kontakte, wie unserer, sind zwar intensiv, aber nur für eine gewisse Zeit geschaffen. Eben für die Dauer eines Buches mit 208 Seiten.

Ich würde mich freuen, wenn Martin und ich in Ihnen die Lust auf Menschen geweckt hätten und das Vertrauen darauf, dass Sie Menschen für sich gewinnen können. Weil Sie etwas geben können, mitteilen, verschenken. Weil Sie zuhören können, authentisch sind und sich zeigen. Und weil Sie verlässlich sind und wissen, was Sie wollen.

Machen Sie es den Maronen gleich

- Fallen Sie Menschen in den Schoß.
- Oder lassen Sie sich finden.
- Platzen Sie ein wenig auf, damit man Ihren Kern besser sieht.
- Nehmen Sie die Furcht vor Ihren Stacheln.
- Lassen Sie sich berühren.
- Nähren Sie ...
- ... und wärmen Sie!

Das Leben ist ein Weihnachtsmarkt, auf dem es ein wenig mehr Miteinander und Wärme braucht.

Ich freue mich darauf, Sie an Martins Stand zu treffen!

Eine kleine Maronentüte

(statt eines Anhangs)

Nicht immer sind es die großen Dinge, die für einen Kontakt entscheidend sind. Oft genug spielen kleine Nebensächlichkeiten eine große Rolle in der Entscheidung, ob ein Kontakt glücken wird oder nicht. Die Maronen sind nichts ohne Tüte. Martin ist nichts ohne Maronen. Der Hut ist so wichtig wie der Ofen, und nichts klappt, wenn Martins Einstellung und Ausstrahlung nicht stimmt oder er gar keinen Stand auf dem Markt bekommt, weil er bestimmte Vorschriften nicht eingehalten hat. Wie wir auf ein Gespräch einsteigen, welche Floskeln wir benutzen und wie unsere Kleidung sitzt, gestaltet nicht unerheblich Kontakte mit.

Haben Sie überhaupt Zeit für einen Kontakt, oder geht es Ihnen nicht schnell genug? Können Sie erst einmal etwas von sich in den Ring werfen, oder ist es für Sie wichtig, genau abzuwägen, was der andere gibt, damit Sie sich auf einen Kontakt einlassen können? Die kleinen Nebensächlichkeiten der Begegnung sind vielfältig. Sie beziehen sich auf Abläufe, Einstellungen, Etikette, und manchmal sind sie materieller Natur.

Ich habe Ihnen ein paar von den »Maronen« zusammengetragen, die ich für überlegenswert halte. Sicher fallen Ihnen noch mehr ein ...

Wissen, was man will

Es gab einmal einen Song, der den wirklich sinnigen Text hatte, dass es gut ist zu wissen, was man will, und wenn man das nicht wüsste, dann sei das nicht so gut. Hätten wir uns diesen Interpreten doch nur gemerkt und den Rat fest in unser Hirn gebrannt. Was nämlich für den Wurst- oder Brötchenkauf gilt, ist auch für zwischenmenschliche Begegnungen äußerst förderlich. Sie können sich treiben lassen und schauen, ob es mit einem Menschen zu einer Verbindung kommt, oder Sie überlegen sich vorab, was Sie überhaupt wollen.

Warum gehen Sie zu diesem Event oder zu diesem Serviceklub? Wollen Sie berufliche Kontakte, dann sollten dort auch mehrere Mitglieder sein, die noch mit beiden Füßen im Arbeitsleben stehen. Geht es Ihnen um Hilfe und Unterstützung, dann sind Experten im Ruhestand eine ganz interessante Adresse. Wollen Sie sich selbst als Experten vorstellen und möchten Sie Kunden gewinnen, dann sollten Sie wissen, wie das am besten geht, denn mit ein paar Foldern ist es nicht getan. Passt also der Event zu Ihren Bedürfnissen oder nicht? Wenn ja, dann nichts wie hin. Wenn nein, dann sparen Sie sich diese Zeit oder nutzen Sie sie, anderen Menschen auf die Finger zu schauen, wie sie es anstellen, Kontakte zu knüpfen.

Wissen, wofür man etwas will

Wenn Sie schon anderen Menschen nicht klaren Wein einschenken wollen, dann sollten Sie wenigstens wissen, wofür Sie einen bestimmten Kontakt brauchen. Soziales Engagement und Benefizveranstaltungen sind zum Beispiel so eine verdeckte Geschichte. Wenn alle Menschen so gut wären, wie sie tun, dann würde man auch der sozial schwachen Familie etwas zustecken und müsste nicht ausschließlich wohltätige Initiativen mit Benefiz-Galas und Spenden segnen. Viele Serviceklubs und Unternehmer nutzen diese Wohltätigkeit, um in die Presse zu kommen. Journalisten reagieren leider weniger engagiert auf eine Spende an eine Privatperson, als wenn es sich um eine Scheckübergabe an eine möglichst schillernde Initiative handelt.

Wollen Sie also »gut sein« oder Werbung für sich machen? Oder beides? Alles ist erlaubt, Sie sollten nur wissen, aus welchem Motiv Sie etwas tun. Diese Klarheit verschafft Ihnen Sicherheit und Sie werden in einem Gespräch nicht hin und her lavieren und versuchen, bestimmten Fragen auszuweichen. Im Vorfeld können Sie alles durchdenken, mit Argumenten belegen und im direkten Kontakt dann auf diese Klarheit zurückgreifen. Sicherheit vermittelt sich immer, und Sie werden feststellen, dass dann das Gespräch sehr schnell zu anderen Themen wechselt. Manchmal werden bei einer Kontaktaufnahme eben auch nur bestimmte Punkte abgeklopft, um sie dann schnell wieder zu vergessen oder in weiterführende Projekte zu verwandeln.

Jeder kennt jeden über ein paar Ecken

Verschiedene Netzwerke basieren auf diesem Gedanken und werden durch diese Energie immer größer. Die Welt ist kleiner, als man denkt, das sagten uns schon unsere Eltern. Wie gut also, den Netzwerkgedanken zu nutzen. Sie können Freunde und Klubkollegen fragen, ob diese vielleicht eine Verbindung zu dem Menschen haben, den Sie gerne näher kennenlernen möchten. Oder Sie fragen, ob Ihnen jemand eine Tür zu einer Gruppe öffnet, zu der Sie ohne Einladung keinen Zutritt hätten. Netzwerke helfen Ihnen, Kontakte vor- und nachzubereiten. Sie müssen nicht alles alleine »durchziehen«, denn unzählige Menschen vor Ihnen haben schon andere Menschen für sich gewinnen wollen. Nutzen Sie diese Erfahrungen, indem Sie sich erkundigen und nachfragen. Es ist bei Netzwerken aber auch sehr wichtig, zum richtigen Zeitpunkt eigene Informationen zurück in den Fluss zu geben. Netzwerke sind Ketten, die von jedem einzelnen (Mit-)Glied getragen und weitergeknüpft werden. Es kommt auf jeden an, auch auf Sie!

Den richtigen Zeitpunkt erkennen

Wunderbar, nun haben Sie endlich die richtige Tür zu diesem Klub gefunden und die Klinke bereits in der Hand. Ist aber auch der richtige Moment da, diese Klinke jetzt zu drücken?

Meine Frau wollte sehr lange von einem bestimmten Netzwerk eingeladen werden. Dann kam endlich die Einladung. Man fragte sie, ob sie nicht bei der Weihnachtsfeier »vorbeischauen« wollte. Ist das ein guter Moment? Nein, ganz sicher nicht, denn auf Weihnachtsfeiern ist niemand offen für neue Gesichter oder Ideen. Das Jahr steht kurz vor seinem Abschluss und alle sind mit Rückblicken beschäftigt und ersehnen sich die Ruhe der Feiertage. Die Gelegenheit der Begegnung ist zu diesem Zeitpunkt »verschossen«. An welchen Tisch soll man sich setzen? Was sagen? Meist gibt es gerade bei Weihnachtsfeiern eine Fülle von festen Programmpunkten, die Gespräche einschränken und verhindern, dass sie sich frei entfalten können. »Aber die Weihnachtsfeier ist *die* Gelegenheit, bei der alle Mitglieder da sein werden«, überlegte meine Frau. Das schon, aber wenn man nicht in Kontakt kommt, einfach allein aus dem Grund, weil alle an Tischen sitzen und Gänsebraten essen, dann bringt auch eine riesige Anzahl an potenziellen Kontaktpartnern nichts – man kann sie nämlich nicht nutzen. Also beschloss meine Frau, sich lieber zu entschuldigen, und bat um eine neue Möglichkeit. Die ergab sich dann wenige Wochen später. An diesem Tag waren wenige Klubmitglieder da, aber die Gespräche waren intensiver, und meine Frau konnte sich bestmöglich vorstellen und ist als Folge nun mit im Boot. Die anderen Klubmitglieder wird sie jetzt sicher auch irgendwann treffen. Nacheinander und in Ruhe. Und: Die nächste Weihnachtsfeier kommt bestimmt!

Geduld

Es ist schwer sich zurückzuhalten, wenn es doch eigentlich sosehr nach einem Kontakt drängt. Vielleicht kennen Sie diese Situation. Man möchte vorwärtsdrängen, sich verabreden, Pläne teilen oder mit dem anderen schmieden. Sie haben sich vielleicht auf den Kontakt vorbereitet, weil Sie wussten, dass Sie diesen Menschen treffen werden, etwa weil er eine Lesung gibt oder sie ein Seminar hält. Und nun sind Sie so nah am Ziel und möchten am liebsten all die hundert Sätze auf einmal sagen, die Sie sich zurechtgelegt haben. Aber es ist Geduld gefragt. Sie können nicht alles sagen, und ob der Kontakt sich verfestigen wird, müssen Sie abwarten. Sie wissen nicht, ob Sie jemals den erhofften Anruf oder eine Antwort auf Ihre Mail erhalten. Die Zeiger der Uhr bewegen sich nicht und Sie haben, wenn nicht alles, so doch viel auf den Kontakt gesetzt. Zügeln Sie sich und versuchen Sie, nicht zu viel an diesen Menschen zu denken. Es kann verschiedenste Gründe haben, warum er sich nicht meldet. Andere Termine, private Geschichten, irgendeine Aufregung und einfach keine Zeit. Warten Sie ab, drängen Sie nicht und respektieren Sie die Zeit, die der andere braucht. Erst wenn ein paar Tage vergangen sind – für mich ist das etwa eine Woche –, sollten Sie noch einmal einen weiteren Kontaktversuch wagen.

Kleider machen Leute

Kleidung kann Sie irritieren und behindern, besonders dann, wenn sie nicht passt. Weder zum Augenblick noch auf den Körper, der sie trägt. Wenn Sie mit Ihren Gedanken mehr bei Ihrem zwickenden Hosenbund sind als bei Ihrem Gegenüber, wird das Gespräch nicht fließen. Das Gleiche gilt für unbequeme Schuhe oder die Annahme, nicht richtig gekleidet zu sein. Versuchen Sie immer Kleidung zu wählen, die Ihnen und zum Anlass passt. Dann, und nur dann, wird Ihre Kleidung Sie bei der Kontaktaufnahme unterstützen und für Sie nicht hinderlich sein. Kleider machen nicht nur Leute, sondern auch Kontakte. Wenn Sie sich wohlfühlen, dann strahlen Sie dies aus und ganz sicher wird es zu Gesprächen kommen. Manchmal sogar über die Kleidung.

Wie bereitet man Kontakte vor?

Manche Kontakte sind wie ein unerwartetes Geschenk. Wir müssen gar nichts für sie tun. Wir treffen diesen Menschen per Zufall, auf einer Party, in der Warteschlange oder er sitzt neben uns im Zug. In solchen Fällen besteht genug Zeit und Ruhe, sich einander vorzustellen und zu überprüfen, ob man den Kontakt halten und auch pflegen will.

Dann, besonders im beruflichen Kontext, gibt es Kontakte, die wollen und müssen wir planen. Wir sind an dem Kontakt mit einem Redner interessiert oder wollen einen Kollegen für ein Projekt gewinnen. Sie können diese Begegnung vorbereiten. Dazu gehört, dass Sie sich darüber informieren, was dieser Mensch gerade beruflich macht. Hat er etwas geschrieben, ist er auf einer Plattform aufgetaucht, haben Sie ihm in einer Talkshow zuhören können? Es besteht keine Veranlassung, das andere Leben in allen Einzelheiten zu studieren, aber ein paar Informationen tun recht gut. Sie können daran anknüpfen, und möglicherweise gibt es bereits Überschneidungen, die Sie zuvor noch gar nicht kannten. Die Kenntnis darüber kann Ihnen helfen, das Gespräch sanft in die Richtung zu führen, die Sie gerne hätten. Zur Vorbereitung zählen auch die eigenen Visitenkarten und dass Ihre Homepage einigermaßen steht. Es gibt nichts Ungünstigeres, als einen beruflichen Kontakt knüpfen zu wollen und dann zu zeigen, dass man kein Profi ist. Ich empfehle, dann lieber noch so lange zu warten, bis Sie sich nicht nur Ihrer selbst, sondern auch Ihrer eigenen Informationen sicher sind.

Floskeln

Floskeln sind hilfreich, wenn zwei Menschen sich treffen, die sich nicht kennen und miteinander sprechen. Floskeln helfen einander zu beschnuppern, und ihr Austausch gibt beiden Gesprächspartnern die Zeit nachzudenken, mit welchem Thema sie wirklich einsteigen möchten. Dies sollte nach dem ersten Small Talk erfolgen, oder zumindest eingeläutet werden. »Lassen Sie uns das doch zu einem späteren Zeitpunkt vertiefen!« »Ich hätte Freude, mich mit Ihnen über dieses Thema auszutauschen, geht es Ihnen ebenso?«

Leider haben Floskeln den Hang zur Plattheit, eben dann, wenn man sie in einer Kontaktaufnahme zu lange bemüht oder überstrapaziert. Floskeln können witzige Bemerkungen sein, kluge Sprüche oder altbekannte Redewendungen. So lange sie in der ersten Kontaktaufnahme benutzt werden, sind sie in Ordnung. Entwickeln Sie mehr und mehr das Gefühl dafür, wann sich Floskeln in ein Gespräch wandeln müssen. Zu lang verwendete Floskeln verkehren einen Kontakt ins Gegenteil. Man nimmt dann Abstand und geht nicht mehr auf Sie zu.

Machen Sie Angebote und bitten Sie nicht!

Wenn Sie einen Menschen kennenlernen – vielleicht gezielt kennengelernt haben, weil er Ihnen für Ihre Ziele nützlich erscheint –, dann ist es ungünstig, ihn gleich um etwas zu bitten. Versuchen Sie ihm etwas aus Ihrem Repertoire anzubieten, was für ihn nützlich sein könnte. Zeigen Sie sich großzügig im Tauschhandel und machen Sie Angebote, anstatt zu bitten oder zu fordern.

Hilfe ... ich soll was sagen?!

Oje, diese Situation ist besonders »lecker«! Sie unterhalten sich mit einem Menschen, das heißt, er unterhält sich mehr mit Ihnen, und auf einmal merken Sie an der Stille und einem erwartungsfrohen Blick, dass Ihr Gesprächspartner auf eine Antwort wartet. Nur ... was hat er Sie gefragt? Oft gleiten wir in Gesprächen gedanklich ab, weil wir überlegen, wie wir uns oder eine Sache besser einbringen können. Und dann das! Sie können nun schlecht sagen: »Entschuldigung, ich habe Ihnen gerade nicht zugehört!«, denn das kommt besonders bei Wunschkontakten gar nicht gut. Was also tun?

Legen Sie sich für diesen Fall der Fälle etwas zurecht, was Ihnen aus der Patsche hilft. Am besten, Sie überlegen blitzschnell, an was Sie sich noch als Letztes im Gesprächsverlauf erinnern. Diese Sequenz greifen Sie auf und machen Sie ganz selbstbewusst zum Thema, indem Sie antworten: »Offen gestanden hänge ich noch an einem Punkt, den Sie kurz vorher ansprachen. Wie haben Sie das damals genau gemacht ...« Sie senden also eine Frage zurück, die sich auf das Thema davor bezieht. Natürlich müssen Sie dabei etwas nachdenklich wirken, sonst hilft Ihnen diese Maßnahme nicht wirklich weiter. In der Regel merken aber die Gesprächspartner nichts von Ihrer Lücke und freuen sich vielmehr, etwas so Bedeutendes gesagt zu haben, dass Sie jetzt noch darüber nachdenken. Das kann nur von Nutzen sein. Und zwar für Sie! Aus einer Schwäche wird blitzschnell eine Stärke.

Würden Sie das übernehmen?

Nehmen wir an, Sie wollen sich in einer Diskussion profilieren, um damit auch Ihr Wissen und sich selbst als Experten darzustellen. Gute Idee. Sie machen einen Vorschlag. Was aber, wenn man Sie nun anschaut und bittet, ob Sie nicht gleich die Realisation übernehmen wollten? Sie wollten eigentlich nur etwas anreißen, und nun haben Sie einen Auftrag, dessen Bedingungen ungeklärt sind. Wie reagieren? Wenn Sie Nein sagen, ist das unhöflich. Antworten Sie mit einem entschiedenen Ja, bekommen Sie Probleme, wenn Sie danach zu diesem Ja nicht stehen.

Auch in solchen Situationen helfen Floskeln. Ich durfte einen Rechtsanwalt erleben, der mit einem sehr charmanten Satz auf eine Anfrage reagierte: »Wir können uns gerne später darüber unterhalten!« In diesem Satz steckt alles und nichts. Ein Ja, wenn die Bedingungen stimmen, ein Nein, wenn man Ihr Wissen nur ausnutzen will. Es ist sehr hilfreich, verschiedene Antworten für verschiedene Situationen parat zu haben, denn meist kommen solche Anfragen sehr plötzlich und zum Überlegen bleibt dann keine Zeit. Sprüche und Floskeln wie diese helfen Ihnen, Zeit zu gewinnen, aber auf eine sehr intelligente Art und Weise.

Wie bleibt man in Kontakt?

Mit den Kontakten ist es wie mit der Liebe. Sie sollten Ihr Interesse zeigen, aber auf keinen Fall aufdringlich erscheinen. Nicht nur, weil das bei einem anderen Mensch ein Gefühl von Bedrängt-Sein hervorruft, sondern auch, weil Sie sich damit in eine untergeordnete Bittstellerposition begeben. Für Ihr Gegenüber ist es aber kein Opfer, sich mit Ihnen zu unterhalten, sondern höchstwahrscheinlich ein Geschenk. Er oder sie weiß es nur noch nicht.

Als eine gute Möglichkeit hat es sich erwiesen, wenn Sie Ihrem Gegenüber ein Stichwort geben, auf das Sie sich später in der Kontaktaufnahme beziehen werden. Sagen Sie das Ihrem Gegenüber, damit der sich sofort daran erinnert. Das kann auch der Moment sein, in dem der Erstkontakt stattfindet. Wenn das etwa am Kuchenbüfett in der Pause ist, sagen Sie: »Ich werde als Betreff ›Kaffeepause‹ schreiben.« Solch ein Betreff ist besonders bei den Menschen von Vorteil, die tagsüber viele E-Mails erhalten, die einen eindeutigen beruflichen Bezug haben. Ihre »Kaffeepause« sticht dann aus der Flut von E-Mails hervor.

Wie auch immer, es sind meine Empfehlungen, die ich hier gebe. Sie selbst müssen in der Situation schnell erkennen, welcher Betreff am besten passt. Die Entscheidung, ob und wie schnell der andere reagiert, wird in der Begegnung an sich stattfinden. Sie wissen doch: der erste Moment!

Zeit

Warten Sie mit der Kontaktaufnahme nicht länger als eine Woche, aber melden Sie sich nicht schon am nächsten Tag. Das eine ist zu schnell und das andere zu langsam. Je nach Anliegen können Sie zum Beispiel auch schreiben: »Ich wollte mich nur mal schnell melden und mich für das schöne kurze Gespräch bedanken. Es wird noch etwas dauern, aber dann melde ich mich erneut zu dem Projekt. Wäre das so für Sie okay? Mit der E-Mail haben Sie nun auch meine elektronischen Daten, aber ich freue mich, wenn wir uns auch persönlich bald wiedersehen.« Sie müssen diesen Vorschlag freilich variieren, denn wenn Sie der Bundeskanzlerin Frau Merkel schreiben, wird die mehr oder weniger Zeit und Interesse an einem persönlichen Kontakt haben als eine Frau, mit der Sie sich bei einer Veranstaltung gut unterhalten haben. Ihre E-Mail bringt Sie erst einmal in Erinnerung und macht deutlich, dass Sie sich in der nächsten Zeit wieder melden werden. Das sollten Sie dann auch tun. Das »etwas dauern« zeigt dem anderen, dass Sie nicht aufdringlich sind und »kleben«. Meine Empfehlung wäre aber, sich spätestens innerhalb von drei Wochen wieder zu melden.

Was ist mit Anruf?

»Bei Anruf Mord« lautet ein Filmtitel, und Mord bedeutet Ihr Anruf beim Kontaktwunsch an eine Person, die höher gestellt und sehr frequentiert ist. Etwa ein Vortragender, Experte, Autor, Vorstand. Ich würde diese Menschen niemals anrufen, sondern immer erst per E-Mail kontaktieren und darin fragen, ob und wann eine telefonische Kontaktaufnahme möglich ist. Je nach Stand werden Sie so oder so nur die Sekretärin sprechen. Aber auch bei persönlichen Kontakten empfehle ich inzwischen die vorgeschaltete E-Mail. Sie zeigen damit, dass Sie den anderen Menschen und seine Privatsphäre respektieren. Signalisieren Sie Ihre Kontaktbereitschaft durch Formulierungen wie: »Ich wollte mich nicht gleich telefonisch melden, freue mich aber sehr, wenn Sie mich anrufen! Deswegen hier auch noch mal meine mobile Nummer.« Dass Sie die mobile Nummer mitteilen, zeigt, dass Sie an einem engeren Kontakt interessiert sind. Beruflich oder privat. Selbst wenn die betreffende Person schon längst Ihre Visitenkarte mit der mobilen Nummer hat, schreiben Sie diese in die Mail. Erstens ist es nicht sicher, dass er oder sie gleich Ihre Visitenkarte zur Hand hat, und zweitens ist es ein Impuls, den Sie damit geben. Vielleicht werden Sie gleich nach dem Mailempfang angerufen, einfach weil die Nummer präsent vor Augen stand. Deswegen ist es auch schlau, diese in den Text zu schreiben und nicht nur auf die Signatur am Ende der Mail zu verweisen.

Visitenkarten

Manche Menschen benutzen Visitenkarten mit einem Foto darauf, damit der andere sich wieder erinnert. Das ist eine Möglichkeit. Bei mir persönlich ist das nicht nötig. Wenn ich Zeit habe, mich einem Menschen zuzuwenden, und sei es nur kurz, dann habe ich das Gesicht oder den Bezug gespeichert. Wenn eine Traube von Menschen um mich herum ist, wie zum Beispiel nach einem Seminar, dann nützt mir auch das Foto nicht mehr viel. Außerdem haben Visitenkarten mit Foto für mich immer etwas von »Staubsaugervertreter«. Ich selbst reagiere aber lieber auf exklusive Kontakte.

Schickt man heute noch Blumen?

Frauen bekommen in unserer heutigen Zeit eher selten von Männern Blumen geschickt. Ich habe mir aber sagen lassen, dass ein Blumenstrauß, überbracht von einem Kurier und mit einem handgeschriebenen Kärtchen versehen, besonders bei Frauen eine kleine Flut von Glückshormonen auslöst. Der Kurier ist dabei das Häubchen Sahne auf dem Strauß, der besondere Kniff, das romantische Accessoire. Von einem Kurier überbrachte Blumen zählen für viele Frauen zu ganz besonders schönen und nostalgischen Gesten, die mit Aufrichtigkeit, Zuvorkommenheit und echtem Interesse in Verbindung gebracht werden. Ist es Ihnen mit einem Menschen auf der Herzensebene ernst, dann fallen Sie dadurch unbedingt und sehr angenehm auf.

Einladungen

Einladungen sind eine sehr gute Möglichkeit, einen anderen Menschen wieder zu treffen. Es kann sich dabei um die Einladung zu einem Vortrag handeln, dann nehmen Sie auf der beruflichen Ebene Kontakt auf, oder es ist die Einladung zu einem Klubtreffen, wie es Netzwerke sind – dann könnte die Einladung sogar eine Auszeichnung sein. Es gibt verschiedene hochkarätige Klubs, bei denen der Eintritt nur über eine Einladung funktioniert, wie bei den Freimaurern oder dem Lions-Club.

Je nach Nähe zu diesem Menschen können Sie auch zum Abendessen oder auf ein Glas Wein einladen, aber da müssen Sie wirklich hinfühlen, ob eine Einladung schon in die augenblickliche Situation passt. Je umworbener und bekannter dieser Mensch ist, desto mehr Einladungen wird er bekommen und desto knapper ist seine freie Zeit. Nehmen Sie es also nicht persönlich, wenn er vielleicht die Einladung absagt oder auf »irgendwann« vertagt.

Kleine Geschenke fördern die Freundschaft

Geschenke verbinden – ganz besonders dann, wenn sie eine Freude machen. Dazu zählen all die Geschenke, die man auch unter der Kategorie »Kleine Aufmerksamkeit« einsortieren kann und die dem Beschenkten zeigen, dass sich hier jemand Gedanken gemacht hat und wirklich etwas schenken möchte. Die große Kunst ist es also, mit seinem Geschenk

- originell,
- persönlich,
- glaubwürdig,
- verbindend,
- passend
- und Freude bringend

zu sein. Das scheint die Rezeptur zu sein, die aus lieblosen Kleinigkeiten Aufmerksamkeiten macht, die dafür sorgen, dass Sie beim anderen in angenehmer Erinnerung bleiben, und für eine neue Kontaktaufnahme förderlich sind.

Die meisten Menschen lieben kleine Geschenke, denn diese zeigen, dass sich jemand Mühe gegeben hat. Geschenke, die von Herzen kommen, emotionalisieren und haben ihren eigenen Wert. Geschenke, die wie Gelegenheitskäufe wirken, bewirken das Gegenteil. Wenn Ihnen als Ehemann nichts anderes als Weihnachtsgeschenk für Ihre Frau in den Sinn kommt als neue Handtücher, dann setzen Sie mit diesem Geschenk ein Signal und senden eine Botschaft. Zweifelhaft, ob Sie den gewünschten Effekt erzielen! Auch solche Geschenke emotionalisieren natürlich, aber nicht in die Richtung, die Sie sich wünschen. Wenn Sie einen Menschen für sich gewinnen möchten und vorhaben, diese Absicht durch ein Geschenk zu unterstreichen, dann müssen Sie sich schon etwas Mühe geben. Genau diese Mühe bewirkt dann, dass Ihr Geschenk auch wirklich ankommt und den anderen berührt.

Geschenke müssen nicht teuer sein. Oft sind es Kleinigkeiten, die andere Menschen glücklich machen, aber diese Kleinigkeiten müssen zum Kunden oder Beschenkten wirklich passen.

Ich habe von einer Trainerkollegin gehört, die einem Vorstand eine spezielle Süßigkeit zukommen ließ, die er in einem Gespräch ganz beiläufig erwähnt hatte. Das Gespräch verlief noch nicht einmal mit ihr. Die Folge war ein sehr lukrativer Auftrag. Allerdings schickte die Kollegin diese Süßigkeit nicht zu Weihnachten (dann, wenn tausend süße oder hochprozentige Geschenke kommen), sondern einfach wie »nebenbei«. Zudem war das Geschenk eine besondere Spezialität und nicht nur eine einfache Tafel Schokolade. Das macht den Charme von solch kleinen Geschenken aus. Sie können sich vorstellen, dass dieser Vorstand sich höchstpersönlich und per Anruf meldete. Er war ganz einfach überrascht und sehr angenehm berührt. Da hatte ein Mensch ihn als Mensch erkannt. Wie schön!

Literaturhinweise

Bauer, Joachim: *Prinzip Menschlichkeit. Warum wir von Natur aus kooperieren*, Hamburg: Hoffmann und Campe 2006

Carnegie, Dale: *Wie man Freunde gewinnt*, Frankfurt/M.: Scherz, 45. Aufl. 2006

Collett, Peter: *Ich sehe was, was du nicht sagst. So deuten Sie die Gesten der anderen – und wissen, was diese wirklich denken*, Bergisch-Gladbach: Ehrenwirth, 3. Aufl. 2004

Croos-Müller, Claudia: *Überzeugend auftreten. Körpersprache und Selbstpräsentation für Frauen*, München: Kösel, 3. Aufl. 2008

Einhorn, Stefan: *Die Kunst, ein freundlicher Mensch zu sein*, Hamburg: Hoffmann und Campe 2007

Enkelmann, Nikolaus B.: *Beruflicher und privater Erfolg durch Persönlichkeit*, Heidelberg: mvg bei Redline, 3. Aufl. 2005

Först, Regina: *Ausstrahlung. Wie ich mein Charisma entfalte*, München: Kösel, 5. Aufl. 2007

Kaplan Thaler, Linda; Koval, Robin: *The Power of Nice. Wie Sie die Welt mit Freundlichkeit erobern können*, München: dtv 2008

Krech, Gregg: *Die Kraft der Dankbarkeit. Das Praxisbuch für innere Zufriedenheit*, München: Droemer Knaur 2007

Lasko, Wolf W.; Busch, Peter: *Charisma. Mehr Erfolg durch persönliche Ausstrahlung*, Norderstedt: Books on Demand 2006

Loschky, Eva: *Gut klingen – gut ankommen. Effektives Stimmtraining mit der Loschky-Methode*, München: Kösel, 2. Aufl. 2008

Märtin, Doris: *Smart Talk. Sag es richtig!*, Frankfurt/M.: Campus 2006

Naumann, Frank: *Die Kunst der Sympathie. Die selbstbewusste Art, sich beliebt zu machen*, Reinbek: Rowohlt-TB 2007

Sanders, Tim: *Der Sympathiefaktor. Menschen für sich gewinnen*, Frankfurt/M.: S. Fischer 2007

Scheler, Uwe: *Erfolgsfaktor Networking. Mit Beziehungsintelligenz die richtigen Kontakte knüpfen, pflegen und nutzen*, München: Piper, 2. Aufl. 2007

Schulz von Thun, Friedemann: *Miteinander reden. Störungen und Klärungen. Allgemeine Psychologie der Kommunikation*, Reinbek: Rowohlt-TB 1981